The Beginning of Kabbalah Wisdoms

כללי תחילת חכמת הקבלה

רכ"ו כללים והקדמות
226 rules & statements In Kabbalah

בלשון הקודש עם תרגום לאנגלית
Hebrew With English Translation

מרב המקובל האלוקי רבי
קלונימוס קלמן אלטשולר

There is no known book without mistakes. Therefore, I ask in every language of application if anyone has any questions, comments, clarifications, corrections, please send to: **simchatchaim@yahoo.com**

All material used in this section may not be used for commercial purposes, but only for study and teaching.

To get this book or books and information Email me at:

simchatchaim@yahoo.com

Copyright©All Rights Reserved to

www.simchatchaim.com

YB"S©All rights reserved to the Editor

First Edition 2023

בס"ד

ירפא **ה**מאציל **ו**יושיע **ה**בורא את כל חולי בני ישראל, וישלח להם רפואה שלימה, רפואת הנפש ורפואת הגוף, בכל אבריהם ובכל גידיהם לעבודתו יתברך.

בי"ב במנחם אב תשס"ה, הובהלתי לבית החולים, הרופאים לא נתנו לי סיכוי לחיות יותר מכמה שעות בגלל מספר תסבוכות. עם כל זאת בזכות התפילות של בני ישראל הקדושים, ברחמיו הרבים, ריחם עלי הקדוש ברוך הוא, ונשארתי בחיים.

עם כל זאת, הובחנה אצלי מחלה קשה בכליות, ונאמר לי שהצטרך למכונת דיאליזה. בשבילי זה היה שוק!!! אף פעם לא הייתי אצל רופא, או בבית חולים. כך בעל כרחי התחברתי למכונת דיאליזה, ומכונה זאת הייתה קשורה בי ככלב במשך שמונים חודשים בדיוק, כמניין יסוד, במשך 10-12 שעות ביום.

בשבת פרשת ויחי יעקב י"ב טבת תשע"ב, בזכות בני ישראל, שכולם אהובים כולם ברורים כולם גיבורים כולם קדושים... וכולם פותחים את פיהם באהבה שלוש פעמים ביום, ואומרים - ברוך אתה... רופא חולי עמו ישראל, וכללותם כל האברכים, תלמידי הישיבות, רבנים וחכמים, חסידים, מקובלים עם תינוקות של בית רבן, זקנים עם נערים, בחורים וגם בתולות, בארץ הקודש ובעולם.

ומצד שני בנות ישראל היקרות מפז, שהתפללו וקבלו עליהם כל מיני קבלות, מהפרשת חלה עד צניעות וכיסוי הראש, עם הרבנים, המנהלים, המורים, המורות והתלמידות של בית יעקב דטורונטו שכל יום התפללו, וכללו בתפילתם שבקעה את כל הרקיעים אותי, ונושעתי אני הקטן. הושתלה בי כליה. והתנתקתי ממכונת הדיאליזה.

אמר המלך דוד - לולי תורתך שעשעי אז אבדתי בעניי. מה שנתן לי חיות היא התורה הקדושה, בשעות הרבות שהיתי מחובר למכונת הדיאליזה)כ12 שעות ביום(, ערכתי סדרתי, וכתבתי, פצחתי את ראשי התיבות וניקדתי]חלק מהספרים[במחשב את קונטרסים שלמדתי במשך שנים. וקונטרסים אלו הפכו לחיבורים, ואחרי התלבטויות ובקשות מבני גילי, החלטתי בעזרתו יתברך להדפיס קונטרסים אלו.

בברכה והצלחה בלימוד התורה הקדושה.
ובעיקר בפנימיות התורה, ותורת הקבלה

ורפואה שלימה לכל חולי ישראל.

היב"ש

Contents תוכן הספר

דף | פרק Chapter | תוכן

3. הקדמה לכללי חכמת האמת.

7. **פרק א Chapter 1** בו מדובר עניין הספירות, וההנהגות ושמותן, ובו ל"ג סעיפים.

27. **פרק ב Chapter 2** בו יבואר עניין האדם ואיבריו ותרי"ג חלקיו שהם כנגדם ועניין פרצוף, ובו כ"ו סעיפים.

43. **פרק ג Chapter 3** בו יבואר עניין השמות וכללים בזה, ובו ל"ח סעיפים.

71. **פרק ד Chapter 4** בו יבואר הדברים שהם כנגד הספירות, וסידור הדברים זה כנגד זה, ובו ט' סעיפים.

81. **פרק ה Chapter 5** בו יבואר עניין אורות וכלים השתלשלות והתלבשות ואור פנימי ומקיף ומקיף חוזר, ובו י"ב סעיפים.

93. **פרק ו Chapter 6** בו יבואר עולם התוהו, ועולם התיקון, ושיתוף שלוש ראשונות לשבעה תחתונות, וישראל סבא, ותבונה ושבעה תיקונים, וי"ג תיקוני דיקנא, ובו כ"ה סעיפים.

117. **פרק ז Chapter 7** בו יבואר שיתוף וזיווג הרחמים להדין, וששה ספירות להמלכות, והשם יתברך להעולמות, ומיין נוקבין, ומיין דכורין. ובו י"ב סעיפים.

127. **פרק ח Chapter 8** בו יבואר חלוקות ההנהגות עד הנצחיות, ואדם קדמון, וענפיו, ואח"פ, ועולם עקודים, וצמצום, וקו. ובו כ"ו סעיפים.

151. **פרק ט Chapter 9** בו יבואר עולמות, בריאה, יצירה, עשייה, והיכלות, ונשמות. ובו ל"ב סעיפים.

175. **פרק י Chapter 10** בו יבואר עניין הסטרא אחרא ושלעתיד יהיה התיקון השלם. ובו י"ג סעיפים.

Please note that there are 3 chapters that could not be translated. The reference sources are not translated as they are in Hebrew. Theses are all referred to in the Hebrew sections of the book.

2

כללי תחילת חכמת הקבלה Introduction

הקדמה

מגיד דבריו ליעקב כו'.
תוכן ספר היקר הזה, הוא יקר חרוץ. כי הוא מבוא והקדמת הכללים לשלומי אמוני ישראל הישרים בלבותם, אשר חשקה נפשם לבוא בפנימיות השערים המצוינים בחכמת האמת, וללמוד ולהבין אמרי יושר ודברי אמת, כתבי קבלת האר"י ז"ל.

אולם, באשר שנעלם מהם ידיעת דרכי לימוד חכמה זו, המה מגששים כעורים סביב לשערים, ואין פותח להם לבם בחכמה, מקוצר הבנתם מקודם, ההקדמות והכללים הנצרכים לחכמה זו. הספר הזה יאיר להם עיניים בעזרת השם יתברך. אם כי הוא מעט הכמות, הוא רב האיכות בזה. כי בו ימצאו כל חפץ לבבם. כי הוא יורה דעת החכמה בכללי אמת, והקדמות יקרות המסולאים בפז. וגם הוא מורה דרך האמת ונתיב הישר בהשכל ודעת – סדר הלימוד בספרי המקובלים ואופן לימודם. איך לעלות מעלה מעלה, עד אשר לאורו יגיעו אל היכלי נוגה, זיו החכמה העליונה וזוהר הקבלה, על אופן מאד נעלה. וכל ההקדמות והכללים שבו, מיוסדים על אדני האמת ועמודי זרועות עולם. הלא המה ספרי הרמ"ח לוצאטו ז"ל, ועל פי פירושי וביאורי הגר"א ז"ל בזוהר הקדוש וכתבי האר"י ז"ל וספר יצירה. ועל פי כללי והקדמות עץ חיים ופרי עץ חיים, ושאר כתבי האר"י ז"ל, כאשר עוררתי זה בעזרת השם יתברך באיזה מקומות גם אני לדוגמא, בשולי היריעה.

וגם לחכמים הבאים כבר תוך היכלי החכמה פנימה, אקווה להוי"ה שימצא הספר חן בעיניהם, כי יהיה להם קילורין לעיניים, שעל ידו יוחזקו לזיכרון בליבם כלליות רוב חכמה שמפוזרים בכמה ספרים ובמקומות שונות צפונים. ופה נקבצים יחד כעמיר

The Beginning of Kabbalah Wisdom / כללי תחילת חכמת הקבלה

גורנה, בסידור נכון. בקיצור דברים. ומיעוט אמרים. והזכרת מקום מוצאם. ושם מחברם. כאשר עיני הקורא תחזינה מישרים.

ובזה אבוא על המוגמר מלהתייצב בשער לדבר. כי אם עוד זאת להזכיר – מאמר החכם שלמה המלך, ע"ה, תחילת חכמה יראת ה' כו'. ומאמר חז"ל, כל בעלי אמונה. ידעו נאמנה. ייגעתי ומצאתי תאמין באמונה שלמה. וזה הוא העיקר לכל בית ישראל, ובפרט לכל באי לפתוח שער בחכמה זו. ואז יקוים בם מאמר החכם הנ"ל, אני אוהבי אהב גו', כי מוצאי מצא חיים גו', כרצון נפשם הטוב, אמן:

ואני הדל בישראל הנקרא **היב"ש**, עברתי על קונטרס זה, שיניתי את השם **לכללי תחילת חכמת הקבלה** ותיקנתי את אשר צריך תיקון, על סדר נכון, הוספתי טבלאות ועוד.

Introduction

Tells his words to Yaakov…… (Psalms 147 19)

The contents of this book, is precious. For it is an introduction and introduction of the rules to the peace of the faithful of the children of Israel in their hearts, who longed to come inside the gates marked by the wisdom of truth, and to learn and understand the words of honesty and words of truth, the writings of the late Ar"i Z"L.

However, as they have lost knowledge of these ways of learning wisdom, they explore blindly around the gates of wisdom. Their hearts do not open for them to the understanding of the eternal wisdom of the Torah. Their understanding is limited early. They lack the introductions and rules needed for this wisdom.

This book will enlighten their eyes with the help of the blessed name. Although it is small in quantity, it is high in quality. For in it they will find every object of their heart. For he teaches the knowledge of wisdom, and the rules of truth of the Torat Emet (Wisdom of Kabbalah). The wisdom is precious and priceless.

The book also guides you on the path of truth and the straight path in reason and knowledge - the order of study in the books of the Kabbalists and the manner of their study. How to ascend higher and higher, until the light reaches the halls of NOGA, the supreme wisdom and radiance of Kabbalah, in a very sublime way. And all its introductions and rules, are founded on the foundations of truth and the greatest Kabbalistic Rabbis of the world. The non-existent books of the late Rabbi Moshe Chaim Luzzatto, and according to the commentaries and explanations of the late Gr'a in the Holy Zohar and the writings of the late Ar"i and a book of creation (Sefer Yetzirah). According to the rules and introductions of the Tree of Life and the Fruit of the Tree of Life, and the other writings of the late Ar"i.

And for the sages who are already inside the halls of wisdom, I hope that this book will be pleasing to them, because they will have clarity in their eyes, by which they will hold in their hearts a knowledge of wisdom which is scattered among several books, and hidden in various places. Here in this book there is 226 rules and statements that are bundled together.

And in this I will come to the conclusion of standing at the gate to speak. For if there is more to mention - the article of the sage Shlomo HaMelech. The beginning of wisdom is the fear of the LORD Know faithfully. This is the main thing for the whole house of Israel, and especially for every individual. Those who love me I love, and those who seek me will find me (Mishle 8:17). Then the above-mentioned Shlomo HaMelech will be fulfilled in them - For he who finds me, finds life and obtains favor from the God. am a lover of God, for I have found life in God, as the good will of their souls, Amen:

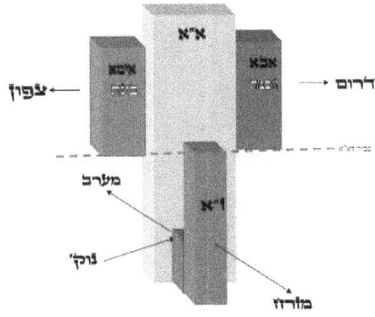

The Beginning of Kabbalah Wisdom כללי תחילת חכמת הקבלה

קונטרס

כללי התחלת החכמה

חכמת האמת

וואַרשאַ

שנת תרנ"ג לפ"ק

Кунтресъ Келале Гахохмо

т. е. Брошура о принципахъ Еврейской теософіи.

Соч. Алтшулера.

ВАРШАВА.

Въ Типографіи Братьевъ Шульдбергъ, Дикая № 1.

בדפוס דשנת תרנ"ג לפ"ק ווארשא

In the printing press in Warsaw 1803

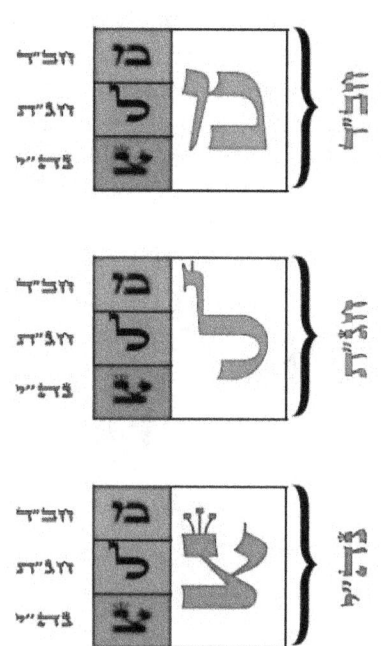

פרק א'
Chapter 1

כללים למתחילים בחכמה. חכמת האמת: לתועלת החפצים להתחיל בלימודה, ועדיין לא למדו בהספרים. ויכבד עליהם הבנתם שם, מחסרון ידיעת הכללים המוכרחים למתחיל לדעת. לכן סדרנו לפניהם הכללים האלה, להקל עליהם אחר כך, שיוכלו להיכנס בשערים, וגם להישיר לפניהם הדרך אשר ילכו בה. רוב כללים אלה נלמדו ונלקטו מכתבי האר"י ז"ל, ומדברי הגאון רבי משה חיים לוצאטו ז"ל, ומדברי הגר"א ז"ל, וכנרשם על רוב הדברים את מקורם. פרק ראשון - בו מדובר עניין הספירות, וההנהגות ושמותן, ובו ל"ג סעיפים

]א[הנה להוי"ה יתברך יקראוהו הספרים בשם אין סוף, יען הוא בלתי גבול ובלתי תכלית. וכשם שהוא בלתי גבול ובלתי תכלית, כן הוא רצונו יתברך)ועיין עוד לקמן פ"ח, סעיף כ"א וכ"ב(.

1. Since G-d is not confined to time and space or any other limitations, Kabbalah refers to Him as **Ayn Sof** - The Infinite. As He is infinite and boundless, so is the power of His Will.

]ב[ידוע שהא"ס ברוך הוא אסור לחשוב בו כלל וכלל כו', וכל מה שאנו מדברים בו ובספירות הכל מרצונו והשגחתו הידוע מצד פעולותיו. וזהו הכלל לכל דרכי הקבלה. עד כאן לשון הגר"א ז"ל בליקוטים שבסוף ספר ספרא דצניעותא שנדפס מחדש, וכן כתב הרמ"ח לוצאטו ז"ל בספרו אדיר במרום דף נ"ט ע"א, וז"ל שם: הנה מה שאנו מדברים במאציל ב"ה, הנה דבר פשוט הוא שאין אנו מדברים רק בבחינת פעולותיו ולא בבחינת מהותו ועצמותו כלל. ותדע שאפילו מה שאנו מזכירין אותו בשם אין סוף ברוך הוא, אין הכונה על עצמותו כלל, אלא על פעולותיו עד כאן לשון. ועיין עוד בספרו חוקר ומקובל בתחילתו בד"ה הנה ידוע תדע כו', עיין שם באורך.

The Beginning of Kabbalah Wisdom

כללי תחילת חכמת הקבלה

2. The prohibition against the contemplation of G-d's essence is widely known. Whatever is related about G-d pertains only to His Will and providence, which are manifest by His actions. This general rule applies to all Kabbalah, as stated by Rabbeinu Moshe Chaim Luzzatto in his book Adir Bamarom, "It is self evident that any expression regarding the Emanator, Blessed Be He, refers only to His actions rather than His essence."

[ג] והנה בעניין דרכי הנהגתו יתברך את העולמות, עשר ספירות הן. ואלה שמותן: כתר, חכמה, בינה, חסד, גבורה, תפארת, נצח, הוד, יסוד, מלכות.

3. There are ten Sefirot by which G-d, Blessed Be He, creates and conducts the worlds. They Are:

    A. Keter - Crown,
    B. Chochmah - Wisdom,
    C. Binah - Understanding,
    D. Chessed - Kindness,
    E. Gevurah - Might,
    F. Tiferet - Beauty,
    G. - Victory,
    H. Hod - Majesty,
    I. Yesod - Foundation,
    J. Malchut - Kingdom.

[ד] כל ספירה הוא מדה אחת מן המידות של הא"ס ברוך הוא, אשר ברא בם את העולמות ומנהג אותם. (עד כאן לשון בספר קל"ח פתחי חכמה סימן ו', ועיין עוד בליקוטי הגר"א ז"ל שם, ובריש ספר חוקר ומקובל, ובריש ספר קנאת ה' צבאות, עניין הספירות מה המה), עיין שם.

4. The Sefirot are those divine faculties which G-d utilizes to create and conduct the worlds.

[ה] בעניין ההנהגה, יש החסד הגמור, ויש הדין הגמור, ויש הנהגה ממוצעת בין החסד והדין, ונקרא רחמים. וסימנם **חד"ר** - **ח**'סד **ד**'ין **ר**'חמים (עיין ספר יצירה פרק ג').

5. G-d governs the world with three general modes of conduct; Pure Kindness - Chessed, Pure Judgment - Din, and the median conduct of Mercy - Rachamim.

[ו] ספירת הכתר הוא חסד גדול ורחמים עד אין קץ, שהוא לפי התכלית לו יתברך, שהתכלית הוא להיטיב לכל, וגם למי שאין לו זכות, על דרך שאמרו[1]: וחנותי[2] את אשר אחון, אף על פי שאינו הגון. (הגר"א ז"ל שם ד"ה ואמר כו').

6. Keter influences great and unbounded kindness and mercy without discerning the merit of the recipient. This is because Keter represents G-d's ultimate intention in creation, that is to benefit All, as the Talmud states on the verse, "I will be gracious to whomever I will be gracious," - even to the unworthy.

[ז] ספירת החכמה גם כן חסד גדול, גם למי שאין לו זכות כל כך. אך לא חסד כל כך כמו הכתר. וגם הבינה הוא חסד כנ"ל. והחכמה הוא יותר חסד מבינה, ומבינה דינין מתעוררין ממנה. פירוש: שלפעמים זהו נכלל בחסד לעשות דין בעולם, שזה גם כן לטובה, למען לא יהיה עולם של הפקר. או על דרך: כי[3] אשר

[1] בגמרא ברכות ד"ז ע"א
[2] שמות לג יט
[3] משלי ג יב

The Beginning of Kabbalah Wisdom 1

כללי תחילת חכמת הקבלה

יאהב הוי"ה יוכיח, ועל דרך הכתוב: כי[4] כאשר ייסר איש את בנו, כו'.

7. Chochmah, too, is free of Judgement, influencing the world with great kindness including the unworthy, but, not to the extent of Keter. The quality of Binah is kindness as well, yet to a lesser degree. This is because judgments begin to arise in Binah, as mentioned in the blessing: "Who gives the rooster the understanding (Binah) to discern (Judgment) between day and night," - For sometimes, in order to prevent anarchy, G-d excercises judgment upon the world, so that evil, though a necessary component in creation for the purpose of choise, not be left unchecked. This judgment, in truth, is a kindness to the world. Moreover, kindness may be the motivating factor of severity, as scripture states, "For whom the L-rd loves, He corrects," and, "As a man chastens his son so does the L-rd your G-d chasten you."

[ח] כל השלשה הנזכרים לעיל: כתר, חכמה, בינה, נקראו שלושה ראשונות, או שלושה עליונות, והם רחמים גדולים שהם לפי רצונו יתברך בעולם, לא לפי המעשה כו'. ולכן כשאלה מתגלים, אז רחמים ורצון גדול בעולם (הגר"א ז"ל שם).

8. Keter, Chochmah, and Binah are called the first or upper three sefirot. When any of these are revealed, it is a time of great mercy and goodwill toward the world. They reflect G-d's ultimate

---

[4] דברים ח ה

intention in the world, unobstructed by the deeds of man.

[ט] ספירת החסד הוא החסד הגמור, רק הוא למי שמגיע לו בעד מעשיו, כמו בגן עדן להצדיקים. ספירת הגבורה הוא הדין הגמור והעונש הגמור למי שמגיע לו בעד מעשיו, וכמו בגיהנם להרשעים. והתפארת הוא ההנהגה הממוצעת בין החסד והדין, שנקרא רחמים כנזכר לעיל, כל זה נלמד מדברי הגר"א ז"ל, והתפארת נוטה לחסד יותר מלדין.

9. Chesed is Pure Kindness, though only to the meritorious, as is the reward of the righteous in Gan Eden. Gevurah is Pure Judgment and retribution to the guilty, as is the punishment of the wicked in Genhenom. Tiferet is the median conduct of Mercy, between Chesed and Gevurah, but inclines more toward Kindness than Judgment.

[י] הנצח הוא הנהגת החסד, אבל אינו חסד גמור, רק חסד ממוזג בדין קצת. ובכלל זה, מה שמתדמה שהוא רע לשעתו, אבל באמת הוא טוב אמיתית לפי התכלית, כמו שמשלמין להצדיקים מיעוט עונותם בעולם הזה, להטיבם באחריתם לעולם הבה טובה אמיתית ונצחיות (עיין יומא פ"ו ע"א, וקדושין ל"ט ע"א). וכדומה לזה, נכלל בהנהגת הנצח. (נלמד מדברי הגר"א ז"ל שם).

10. Netzach is Kindness tempered with Judgment, for example, sometimes the righteous suffer in this world for their few errors, to be ultimately rewarded in the world to come - the seemingly negative being ultimately positive.

[יא] ההוד הוא הנהגת הדין. אבל אינו דין גמור, רק ממוזג בחסד קצת. ובכלל זה, הרע שמתדמה לשעתו שהוא טוב וערב, אבל

באמת הוא לעונש, כמו שמשלמין להרשעים מיעוט זכיותיהם בעולם הזה, להאבידם לעולם הבא, וכמו שכתוב: ומשלם[5] לשונאיו על פניו להאבידו, וכדומה לזה, נכלל בכלל הנהגת ההוד. כל זה נלמד מדברי הגר"א ז"ל שם ד"ה ואמר שם שהצמצום כו', עיין שם. היסוד הוא הנהגת העולם בכללו, והוא הנהגה ממוצעת בין הנצח וההוד, ונוטה קצת יותר לדין.

11. Hod is Judgment tempered with Kindness, for example, sometimes the wicked prosper in this world for their few virtues, to be ultimately destroyed in the world to come, as scripture states, "He pays his enemy up front to destroy him," - the seemingly positive being ultimately negative. Yesod is the median conduct between Netzach and Hod, tempered by both, but inclining more toward Judgment than Kindness. The world is generally conducted through this faculty.

[יב] כל הששה ספירות הנזכרים לעיל: חסד, גבורה, תפארת, נצח, הוד, יסוד, הם הכל לפי מעשי בני אדם, שגם החסד הגמור הוא רק למי שמגיע לו בעד מעשיו כנ"ל. (הגר"א ז"ל שם). ולכן נקראו הששה הנ"ל בכלל הנהגת המשפט (עיין קל"ח פתחי חכמה סימן צ"ב, עיין שם).

12. The six sefirot (Chesed, Gevurah, Tiferet, Netzach, Hod, and Yesod) are collectively called the System of Justice in that they are responsive to human deeds, for even Chesed, which is pure kindness, applies only to the meritorious.

[יג] ובאשר הכתר הוא הרחמים גדולים באין קץ וכנ"ל, לכן

---

[5] דברים ז י

נקרא ארך אפים, ובלשון הזוהר ארך אנפין, וגם לפי שההנהגה הזאת תהיה רק לתכלית לעתיד, כמו שנכתוב לקמן בס"ד. לכן נכלל בכלל ארך אפים, שממתין ומאריך אף לצדיקים ולרשעים, כמו שאמרו חז"ל בבא קמא ד"נ ע"ב, עיין שם. וששה ספירות חג"ת נה"י הנ"ל, שהם הנהגת המשפט כנ"ל, נקראו זעיר אנפין. פירוש, מיעוט אפים, שהוא הנהגת המשפט, וגם הנהגה של עכשיו וכנ"ל. ומיעוט חסד, שהוא רק למי שזוכה כנ"ל (ועיין קל"ח פתחי חכמה סימן צ"ב, צ"ג, צ"ד, צ"ה).

13. Keter is called Arich Anpin - Patient, because it represents unqualified mercy, which will only be fully realized in the world to come. (This gives the righteous the opportunity to acquire greater merit, and the wicked the chance to repent.) The six sefirot are called Zeir Anpin - Short Tempered, because they represent the qualified system of justice by which the world is presently being conducted.

[**יד**] ספירת מלכות, הוא הנהגה להשגיח בתחתונים, ולגלות מלכותו בעולם שתהיה שכינתו יתברך בעולם. פירוש, שיהיה נודע שהוא שוכן בקרבם, ושיקבל מעשי המצות שלהם ותפלתם, ולעשות שיקבלו התחתונים עול מלכותו עליהם כו', (עיין בפירוש הגר"א ז"ל על רעיא מהימנא סוף חלק א', מהזוהר במהדורה תנינא ד"ה ויחלום כו', ועיין עוד בספר קנאת ה' צבאות חלק א', נתבאר גם כן עניין עשר ספירות ולמה הם עשר, עיין שם).

14. Malchut is the medium for Divine providence through which the kingdom of G-d and his presence - Shechinah, will be realized and accepted by All. This sefirah has a dual function; it is a conduit that accepts mans good deeds and prayers, and responds by transmitting divine influence upon them.

[**טו**] מה שנקראו ספירות, הוא לשון מספר)פירוש הגר"א ז"ל בספר יהל אור בפירוש זוהר בראשית ט"ו ע"א ד"ה ליקוט כו', עיין שם הטעם באורך(. ולכן נדרש הלשון **ספירת** גם על שאר דברים, שכל מה שבעולם נחלק לעשר ספירות, וכמו שיתבאר, לפי שספירות הוא לשון מספר.

15. The term Sefirot means Numbers - Mispar. The concept of sefirot can therefore be applied to many matters. Everything that exists can be divided into ten sefirot.

[**טז**] והנה אמרו חז"ל על המקרא: וכל[6] צבא השמים עומדים עליו מימינו ומשמאלו, מפרש רש"י - וכי יש ימין ושמאל למעלה. אלא אלו מימיניים לזכות, ואלו משמאילים לחובה. ולכן ספירה שהיא הנהגת החסד למי שיש לו זכות, נקרא בדרך משל ימין. וספירה שהיא הנהגת הדין להעניש החוטאים, נקרא בדרך משל שמאל.

16. Scripture states: "All the hosts of heaven stand by Him to His right and to His left." The sages asked, "And are there right and left above? Rather, the right for virtue and the left for guilt." Therefore, a sefirah which influences Kindness to the worthy is allegorically considered "right" and one which influences Judgment upon the guilty is allegorically considered "left".

[**יז**] ולכן, אם נכתוב הספירות ונרצה להורות בסדר כתיבתם את עניין הנהגותיהם, נכתוב אותם בסדר זה: מקודם שלושה עליונות – כתר למעלה)לפי שהוא השורש כמו שיתבאר(תחתיו חכמה מימין, ובינה משמאל, לפי שבבחינת שלושה ראשונות, הבינה

---

[6] מלכים-א כב יט

The Beginning of Kabbalah Wisdom 1 כללי תחילת חכמת הקבלה

ממנה דינין מתעוררין וכנ"ל. ותחתיהם חסד מימין, וגבורה משמאל, ותפארת תחתיהם באמצע (לפי שהתפארת הנהגה ממוצעת כנ"ל). תחתיהם נצח מימין, והוד משמאל, ותחתיהם יסוד באמצע, שהוא הנהגה ממוצעת בין הנצח וההוד וכנ"ל. ותחתיהם מלכות באמצע. כזה:

כתר

חכמה בינה

דעת

חסד גבורה

תפארת

נצח הוד

יסוד

מלכות

17. A diagram of the sefirot conveying this concept would therefore appear thus: Keter in the top center position, since it is the root of all. Under it, Chochmah to the right and Binah to the left, since in Binah descernments begin to arise. Under them Chesed to the Right and Gevurah to the left, with the median conduct of Tiferet centered below. Below them, Netzach to the right and Hod to the left, with the median conduct of Yesod centered below. Under Yesod, in the center, Malchut which recieves from All.

[יח] וסדר הנ"ל נקרא בדרך משל סדר עמידתם, והוא בדרך משל כנ"ל, וכשנצייר אותם בסדר הזה נקרא עשר ספירות דיושר.

18. This diagram is allegorically called the Ten Upright Sefirot - Esser Sefirot D'Yosher.

]יט[ולפעמים נצייר העשר ספירות בדרך משל כמו עיגולים זה בתוך זה, כתר מקיף סביב בעיגול, ובתוכו עיגול חכמה, ובתוכו עיגול בינה, וכו' עד מלכות. סדר זה נקרא עשר ספירות דעגולים, ויש בזה כללים בעניין ההנהגה, שבציור העיגולים נלמד את סדר השתלשלות זה מזה, שיתבאר ענינו לקמן בס"ד)פרק ה' סעיף ב' וג' וד'(ואיזה הנהגה היא העיקרית המסבבת את ההנהגה השנייה, וכמו שיתבאר. ועל זה מורה סדר עגולים הנ"ל. וכשנדבר בסדר ההנהגה, מהו דין, מהו חסד, נציירה בסדר הנקרא עשר ספירות דיושר וכנ"ל. כן כתב בספר קל"ח פתחי חכמה סימן י"ג, עיין שם. והגר"א ז"ל כתב לפי שיש שני מיני הנהגות, הנהגה בכלל והנהגה בפרט, ועל זה מורה שני הדרכים הנ"ל עיגולים ויושר,)עיין שם בליקוט שבסוף ספר ספרא דצניעותא, בד"ה דע כו', עיין שם(ועיין בעץ חיים היכל א' בדרוש עיגולים ויושר באריכות בזה, עיין שם.

19. There is also a diagram of concentric circles in which Keter encompasses Chochmah, which in turn encompasses Binah, etc., with Malchut at its center. This diagram is called the Ten Sefirot of Circles - Esser Sefirot D'Igulim. It conveys principles in the development of the worlds one from the other, and indicates that the more essential the conduct, the more all encompassing it is. But, when the subject is the divine system of conduct, the quality of its various modes and their interrelationships, the diagram of the ten upright sefirot is used. (The GR"A states that the circular sefirot indicate general providence and the upright sefirot, individual providence(.

]כ[ספירת המלכות, הנהגתה יותר דין משׁשׁה ספירות חג"ת נה"י הנ"ל שנקראו הנהגת המשפט וכנ"ל, ויש לפעמים בה משפט. אבל מלכות שנקראת לפעמים צדק, היינו משפט צדק, דין יותר.

ורק לפעמים בזכות התחתונים משתתפת הנהגת המלכות בחסד ונעשה הנהגת הרחמים, וכמו שיתבאר בס"ד.)ועיין אדרא זוטא בזוהר האזינו דף רצ"א ע"ב, רצ"ב ע"א עיין שם, ולקמן פרק ז' סעיף ד' ה' ו'(.

20. Malchut is more severe than the six sefirot of Zeir Anpin, which represent the system of justice. For since Malchut is called "Righteous Judgment", it is more exacting. Only at times, through the merit of mankind does Malchut join Chesed (Kindness) resulting in Rachamim (Mercy).

[כא] והנה הנהגה כללית שמתנהגת בדין, נקרא בלשון נקבה. וכמו שכתוב בפרשת בהעלותך: ואם[7] ככה את עושה לי, עיין שם בפירוש[8] רש"י. לכן נקרא הנהגת המלכות נוקבא בדרך משל, ועוד יתבאר בס"ד לקמן טעם על שם זה.

21. A general conduct which is an expression of judgment, such as Malchut, is allegorically considered female. This is one reason that Malchut is often called Nukve (Female).

[כב] וכן הבינה, אשר בערך החכמה היא קצת דין, שדינין מתעוררין ממנה וכנ"ל, נקראת הבינה גם כן בלשון נקבה, כי בערך של ספירת חכמה היא בחינת דין כנ"ל. ועל פי זה, לפעמים כשרוצה לזכור בחינת דין שבספירה אחת, כמו כשנאמר הכתר **שנקרא ארך אנפין** ובחינת קצת דין שבו, נאמר ארך אנפין ונוקביא. פירוש, כתר שהוא רחמים גמורים, ובחינת הדין שבו. ומה שלא נקרא גבורה והוד נוקבא, נראה שהששה ספירות חג"ת

---

[7] במדבר יא טו

[8] רש"י על הפסוק ואם ככה את עשה לי - תשש כחו של משה כנקבה, כשהראוהו הקדוש ברוך הוא הפורענות שהוא עתיד להביא עליהם, על זאת אמר לפניו, אם כן הרגני תחלה.

נה"י, הם בכלל נקראת הנהגה אחת - הנהגת המשפט כנ"ל, ליתן שכר לעושי מצוה ולענות לעוברי מצותיו, כן נראה לכאורה.

22. Binah is somewhat severe relative to Chochmah, since discernments begin to arise in it. Therefore, it too, is considered female. Accordingly, in kabbalistic terminology, when the judgmental aspect of a particular sefirah is mentioned, the feminine gender is used. For example, " Arich Anpin and his Female", refers to Keter, which is the quality of absolute mercy, and the potential judgment dormant in it. Gevurah and Hod, though they are expressions of judgment, are not generally considered female. This is because they are integral components in the reward and punishment of the System of Judgment - Zeir Anpin, and do not function independently of it.

[כג] והנה מדובר בספירות בשני בחינות, בחינת פנימיות, ובחינת חיצוניות. היינו שלפעמים ההנהגה גלויה ומפורסמת וניכרת, ולפעמים היא מסותרת, כגון שעושין חסד בהסתר, שאינו נודע ונרגש החסד והטוב וכדומה, וכלשון הכתוב: טובה[9] תוכחת מגולה מאהבה מסותרת, וכמו שמבואר - שאין[10] בעל הנס מכיר בניסו.

23. The sefirot have both revealed and concealed aspects. The revealed is considered external, and the concealed, internal. An example of the concealed aspect is a kindness done in secrecy in which the kindness or goodness is not recognized, as stated in Proverbs: "Good is a revealed rebuke coming from

---

[9] משלי כז ה

[10] גמרא נדה דל"א ע"א

a hidden love," and as stated in Talmud, "The recipient of a miracle does not recognize it as such."

]כד[והנה לפעמים נמנה עוד במניין הספירות דבר הנקרא שמה דרך משל דעת, והיינו שלא נחשב הכתר במניין העשר, רק נמנה במקומו הנקרא בשם אחר שנקרא דעת. וכתב בספר משנת חסידים בתחילתו, וכן כתב גם הגר"א ז"ל בפירוש ספר יצירה פרק א משנה א, אופן ג', שבבחינת הפנימית הנ"ל, נחשב כתר ולא דעת, ובבחינה החיצוניות נחשב דעת ולא כתר, ולכן תנן בספר יצירה עשר ולא תשע, עשר ולא אחד עשר.

24. Sometimes instead of Keter, Daat is enumerated amongst the sefirot. The GR"A explained that the inclusion of Keter reflects the inner aspect, while the inclusion of Daat, reflects the external aspect.

]כה[וביאור הדברים הנ"ל הוא, שהנהגת הכתר, שהוא רחמים גדולים מאד, לפי הנראה והגלוי - איננה נראה עכשיו. רק עתידה להיות לעולם הבא, בזמן התכלית, שהוא לאחר ששת אלפים שנה. ולכן מורה על זה שם אהי"ה, לשון עתיד, אני עתיד להיות)וכמו שיתבאר בס"ד(. אך בבחינת ההסתר הגדול גם הנהגת הכתר מנהגת עכשיו, שההנהגות של עכשיו הם הכנות להעתיד, ועיקר כוונת השם יתברך להטיב, וכמו שמבואר - כל[11] מה דעביד רחמנא לטב עביד. ולכן נאמר שרק בבחינת הפנימית, שהוא ההסתר הגדול, נחשב כתר גם כן, אבל בבחינת הנהגות הגלויות, שהוא בחינת החיצוניות, לא נחשב כתר, ורק יש ממנה מקצת מעט גם בבחינת ההתגלות מבחינת הכתר מעט, שלכן לא נקרא כתר רק שם אחר, ונקרא דעת, והוא במדרגה מועטת, שנחשב בערך רק כמו הנהגה ממוצעת בין החכמה והבינה. שהחכמה הוא בלא דין כלל, ובבינה דינים מתעוררין ממנה כנ"ל, ודעת הוא

[11] גמרא ברכות ס ב

הנהגה ממוצעת ביניהם, ולכן נחשב דעת בסדר עמידתם תחת חכמה ובינה באמצע, שהוא בדרך משל הנהגה הממוצעת כנ"ל.

כתר

חכמה   בינה

דעת

25. This is because the quality of Keter - Great Mercy is not presently revealed. It will only be fully realized in the world to come. This is indicated by the divine name E-H-EY- E-H - "I will be," in the future tense, meaning, "I am destined to be" - after the six thousandth year of creation. Since the conduct toward the world is preparatory to G-d's ultimate intent of benefiting all, Keter, though concealed, is its underlying and motivating force, as stated in the Talmud, "Everything that the Merciful One does is for the good." For this reason, Keter is only counted in respect to the hidden inner aspect but regarding the external aspect, Daat is counted instead, since it represents that minute revelation of Keter in this world, on a lesser level. It is, therefore, centered under Chochmah (which is free of Judgment) and Binah (in which discernments begin to arise) being a median conduct between them.

[כו] ורק זאת ידוע בבחינת התגלות, שכל ההנהגות של עכשיו הם סיבובים והכנות להנהגת העתיד - הנהגת הכתר, שנחשב לפי זה הנהגת הכתר השורש לכל הנהגות של עכשיו, שלפי שרצה בהנהגת הכתר לעתיד, מקדים כל ההנהגות של עכשיו, כי סוף מעשה במחשבה תחילה (עיין קל"ח פתחי חכמה סימן צ"ב צ"ג, עיין שם).

26. All that is revealed and is known to us of Keter

is that this world is preparatory to its revelation in the world to come. Accordingly, Keter is the root of all present conducts since it was G-d's original intent to reveal Keter through them - "The last deed being in the first thought."

[כז] ובזה מבואר מה שכתבנו למעלה בשם המשנת חסידים והגר"א ז"ל, שבבחינת הפנימית נחשב כתר ולא דעת, ובבחינת החיצונית לא נחשב כתר רק נחשב דעת במקומו, והכתר נחשב רק בבחינת שורש לבד וכנ"ל. ולכן נקרא כתר **אַיִן** לפי שבהתגלות כמעט איננה לפי השגתנו, וכן נקרא רישא דאין כדלקמן. ונחשב סדר הספירות חכמה, בינה, דעת, חסד כו', וכן כתב הגר"א ז"ל בהתחילת ספר ספרא דצניעותא)שהשירותא(, פירוש, ההתחלה בגלוי, הוא מחכמה.

27. This explains the above statement that Keter is counted regarding the inner aspect, but regarding the external aspect, Daat is counted instead, and Keter is only considered the root. Keter is therefore called Ayn - Nothingness and Raysha D'Ayn - The Primal Nothingness, because we comprehend almost nothing of it. Accordingly, the GR"A states that, "revelation begins with Chochmah." The order of the sefirot would then be: Chochmah, Binah, Daat, Chesed, etc.

[כח] ולכן באשר בבחינת התגלות, ההתחלה הוא מחכמה ובינה, לכן נקרא חכמה בשם אבא, ובינה נקראת בשם אימא, שלפי שממנה דנין מתעוררין נקראת לשון נקבה וכנ"ל. ולקמן יתבאר עוד בס"ד טעם שנקראו בשם זה, ועיין לקמן)פרק ה' סעיף ג' וד'(.

28. Thus, since the revealed aspect begins with

Chochmah and Binah, they are called Father and Mother - Abba V'Ima, for since discernments begin to arise in Binah, it is considered female.

[כט] העולה מכל הנ"ל, שהעשר ספירות הנ"ל בדרך כלל נחלקו לחמשה מיני הנהגות כוללות, וכל אחד נקרא עוד בשם בפני עצמה. כתר נקרא ארך אנפין, חכמה נקרא אבא, בינה נקראת אימא, הששה ספירות חסד גבורה תפארת נצח הוד יסוד שהם בכלל הנהגת המשפט כנ"ל נקרא זעיר אנפין, מלכות נקרא נוקבא וכמו שנתבאר טעמם, שנקראו בשמות אלו.

כתר	אריך אנפין
חכמה	אבא
בינה	אימא
חג"ת נה"י	זעיר אנפין
מלכות	נוקבא

29. The sefirot can therefore be categorized into five general modes of conduct (Partzufim): Arich Anpin - Patient, for Keter, Abba - Father, for Chochmah, Ima - Mother, for Binah, Zeir Anpin - Short Tempered, for the Six sefirot Chesed, Gevurah, Tiferet, Netzach, Hod, and Yesod (which collectively constitute the System of Justice, and, Nukvah - The Female, for Malchut.

Keter	Arich Anpin
Chochmah	Abba
Binah	Ima
Six sefirot	Zeir Anpin
Malchut	Nukvah

[ל] ולפעמים נקראו העשר ספירות בכלל חמשה חסדים וחמשה גבורות. והיינו: כתר, חכמה, חסד, תפארת, נצח – נקראו חמשה

The Beginning of Kabbalah Wisdom

חסדים(לפי שהתפארת נוטה יותר לחסד כנ"ל). וחמשה ספירות בינה, גבורה, הוד, יסוד, מלכות - נקראות חמשה גבורות, שהיסוד נוטה לדין יותר, וכנ"ל גם כן.

30. Sometimes the ten sefirot are categorized as the five kindnesses and the five severities. The five kindnesses are: Keter, Chochmah, Chesed, Tiferet, (since it inclines toward kindness), and, Netzach. The five severities are: Binah, Gevurah, Hod, Yesod (since it inclines toward judgment), and Malchut.

[לא] הששה ספירות: חסד, גבורה, תפארת, נצח, הוד, יסוד - נקראו בספרים ששה קצוות, או שש קצות, או ו"ק, לפי שכנגדם יש ששה קצוות בעולם - דרום, צפון, מזרח, מערב, מעלה, מטה:

דרום נגד חסד,
צפון נגד גבורה,
מזרח נגד תפארת,
מעלה נגד נצח,
מטה נגד הוד,
מערב נגד יסוד,

ועיין ספר יצירה פ"א, מ"ה ומי"ג וביאור הגר"א ז"ל שם.

31. The six sefirot of Zeir Anpin are called Vav Kitzvot (The Six Corners), corresponding to the six directions in the world: Chesed - corresponds to south, Gevurah - to the north, Tiferet - to the east, Netzach - to up, Hod - to down, and Yesod - to the west.

[לב] והנה השם יתברך ברא את האדם באיבריו וחלקיו, וחלקם במספר חלקים כנגד חלקי ההנהגות בכלל, וחלקי האדם מרמז כל אחד על חלק מן ההנהגה. ובאשר בדרך כלל עשר ספירות הם וכנ"ל, לכן יש באדם גם כן עשרה דברים בכלל שהם כנגד העשר ספירות בכלל. והם - הראש נגד שלש ראשונות:

היינו גולגולת והאויר שבו נגד כתר,
מוח ימין נגד חכמה,
מוח שמאל נגד בינה,
מוח שלישי שבאחורי שניהם נגד דעת,
זרוע ויד ימין נגד חסד,
זרוע ויד שמאל נגד גבורה,
הגוף נגד תפארת,
הירך ורגל ימין נגד נצח,
הירך ורגל שמאל נגד הוד,
ברית קודש נגד יסוד,
עטרת הברית נגד מלכות.

32. G-d formed all the limbs and organs of man corresponding to the supernal conducts. Each of man's limbs hints at a divine conduct. Since there are ten general sefirot, so too, in man, there are ten general corresponding parts: The Head - corresponds to the first three sefirot, The Skull and Membrane - to Keter, The Right Hemisphere of the Brain - to Chochmah, The Left Hemisphere of the Brain - to Binah, (The Cerebellum - to Daat) The Right Arm and Hand - to Chesed, The Left Arm and Hand - to Gevurah, The Torso - to Tiferet, The Right Leg and Foot, to Netzach, The Left Leg and Foot, to

Hod, The Male Organ (which carries the sign of the Holy Covenant - Brit Kodesh) - To Yesod and the Glans (Ateret Habrit) - to Malchut.

[לג] ולפעמים נקראו הספירות עצמן גם כן באותן השמות של איברי האדם שמרמזין עליהם בדרך משל. כתר נקרא גלגלתא, חכמה בינה מוחין, חסד זרוע ימין, וכן כולם. עיין בכל ספרי קבלת האמת. והדבר פשוט מאד שהם רק שמות לבד שנקראו ההנהגות בשמות אלו בדרך משל, אבל חלילה להעלות על הדעת ח"ו שיש שם שום תמונה ח"ו, שזה כפירה ח"ו, והוא פשוט מאד. ועיין כל זה בהודעה והאזהרה בעץ חיים, ובספר האילן הגדול הנדפס מחדש, ובספר מקדש מלך, ושערי קדושה להמרח"ו ז"ל בסופו, עיין שם, ובהקדמה שניה על תיקוני זוהר בתפלת אליהו הנביא.

33. Kabbalah sometimes refers to the sefirot by the names of their corresponding limbs in man. For example, Keter is called Gulgalta - Skull; Chochmah and Binah are called Mochin - The Brains; Chesed is called The Right Arm, etc. Obviously, these names are allegorical. It should not, G-d Forbid, enter one's mind that any image or form exists, for this would certainly be an absolute error, constituting a complete denial of Torah.

מזרח
תפארת
חסד שבתפארת
גבורה שבתפארת
יסוד שבתפארת
נצח שבתפארת
הוד שבתפארת
מלכות שבתפארת
חסד
גבורה
דרום
צפון
נצח
הוד
יסוד
מלכות
מערב

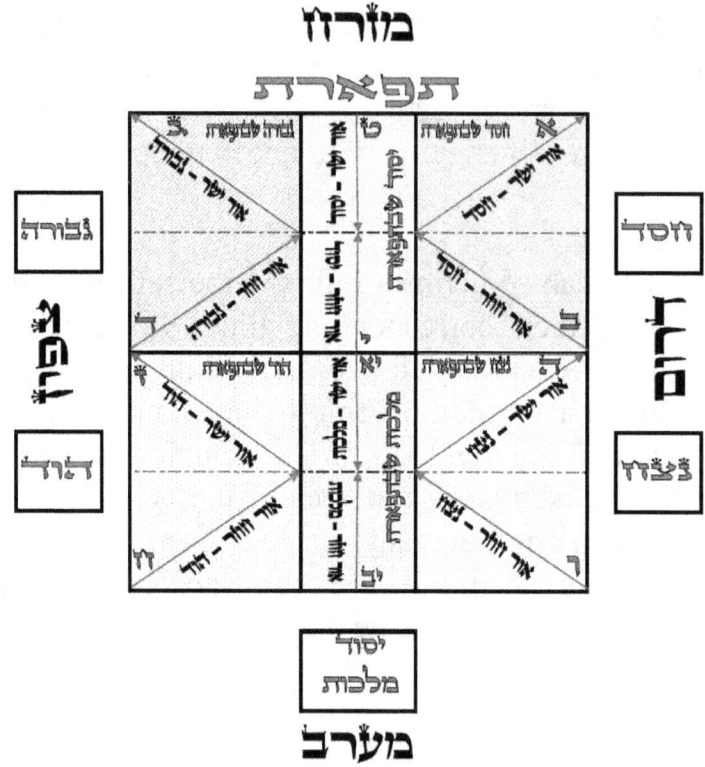

פרק ב'
Chapter 2

פרק ב
בו יבואר עניין האדם ואיבריו ותרי"ג חלקיו שהם כנגדם ועניין פרצוף, ובו כ"ו סעיפים.

Within which is explained the matter of the six hundred and thirteen (613) limbs and organs of man and their spiritual counterparts, as well as the subject of the Partzufim.

[לד] והנה, כל זה הוא בכללות. ובפרטות, נחלקו ההנהגות עוד לפרטיות. והיינו, שכל ספירה נחלקה עוד לעשר ספירות. בדרך משל, הכתר נחלק לעשר ספירות גם כן, ונקרא כתר שבכתר, חכמה שבכתר, וכן כולם עד מלכות שבכתר, וכן חכמה, כתר שבחכמה, חכמה שבחכמה וכו' כנ"ל.

34. Above, the limbs of man and their spiritual counterparts were categorized in a general way. More specifically, the conducts are further subdivided. Every general sefirah of Keter contains ten sefirot, Keter of Keter, Chochmah of Keter, Binah of Keter, etc., until Malchut of Keter. So, also the general sefirah of Chochmah contains ten sefirot. Keter of Chochmah, Chochmah of Chochmah, etc., this principle applies to all the sefirot).

[לה] ועוד נחלק יותר לפרטיות, שכל ספירה של הספירות המחולקים כנ"ל, נחלקו עוד כל אחת לעשר ספירות. היינו שכתר שבכתר נחלק עוד לעשר ספירות - כתר שבכתר שבכתר, חכמה שבכתר שבכתר, וכן כולם. ועיין בספר קנאת ה' צבאות ד"ה ועתה אבינך מה שנמשך כו'. עיין שם ביאור על עניין זה. ועיין

עץ חיים היכל א' א"ק ענף ב' דרוש עיגולים ויושר, ומהדורא תנינא שם, עיין שם.

35. Each particular sefirah contains ten further subdivisions. Keter of Keter contains Keter of Keter of Keter, Chochmah of Keter of Keter, Binah of Keter of Keter, etc., until Malchut of Keter of Keter. All the particular sefirot are subdivided in this manner.

]לו[וכן באדם שנברא באופן שחלקיו מרמזין על הספירות, יש בו גם כן עוד חלקים בחלקיו, המרמזין על חלוקת הספירות הנ"ל.

36. Man's limbs and organs too, are subdivided corresponding to the subdivisions of their spiritual counterparts.

]לז[ובגלגולת ואוירו, שמרמז על כתר כנ"ל, יש בו גם כן עשרה דברים שמרמזים על עשר ספירות כנ"ל. בעץ חיים שער א"א פרק ו כתב שהם באופן זה: גלגלתא נגד כתר שבכתר, שתי אזנים נגד חכמה ובינה שבכתר, מצחא נגד דעת שבכתר, שתי עיניים נגד חסד וגבורה שבכתר, החוטם קו המישור נגד תפארת שבכתר, שתי שפתים נגד נצח והוד שבכתר, הלשון נגד יסוד שבכתר, הפה נגד מלכות שבכתר.

כתר	
גֻּלְגַּלְתָּא	כתר
שְׁתֵּי אָזְנַיִם	חָכְמָה וּבִינָה
מִצְחָא	דַּעַת
שְׁתֵּי עֵינַיִם	חֶסֶד וּגְבוּרָה
חוֹטֶם	תִּפְאֶרֶת
שְׁתֵּי שְׂפָתַיִם	נֶצַח הוֹד
לָשׁוֹן	יְסוֹד

אבל בספר יצירה פרק ד' שהוזכר גם כן שם שבעה דברים בראשו של אדם, וקראם שבעה שערים לפי שהם פתוחים, והם: שתי עיניים, שתי אזנים, שתי נחיריים, ופה. וכתב שם הגר"א ז"ל שהם נגד שבעה ספירות חג"ת נהי"ם, וכתב שם באופן זה: שני עיניים נגד חסד ונצח, עין ימין חסד, עין שמאל נצח, שתי אזנים נגד גבורה והוד, אוזן ימין נגד גבורה, אוזן שמאל נגד הוד, שתי נחיריים נגד תפארת ויסוד, והפה נגד מלכות, עיין שם.

37. The Skull and it's Membrane which correspond to Keter, has ten components corresponding to the ten sefirot of Keter. Etz Chaim categorizes them as follows: The Skull corresponds - to Keter of Keter, The Right Ear - to Chochmah of Keter, The Left Ear - to Binah of Keter, (The Forehead - to Daat of Keter), The Right Eye - to Chesed of Keter, The Left Eye - to Gevurah of Keter, The Nose - to Tiferet of Keter, The Upper Lip - to Netzach of Keter, The Lower Lip - to Hod of Keter, The Tongue - to Yesod of Keter, The Mouth - to Malchut of Keter. Sefer Yetzira states that there are seven components in the head. These are called the Seven Gates or Orifices. According to the GR"A, they correspond to the seven sefirot: The Right Eye - to Chesed, The Left Eye - to Netzach, The Right Ear - to Gevurah, The Left Ear - to Hod, The Right Nostril - to Tiferet, The Left Nostril - to Yesod, and The Mouth - to Malchut.

[לח] ונקראו חלקי ספירות הכתר, בשמות הדברים שמרמזים עליהם, ועל דרך הנ"ל. ולכן, כשנזכר בדרך משל, פה, תדע שהוא מלכות שבכתר, וכן כולם. ובזה תבין מה שתמצא לפעמים נאמר שהעטרה נגד מלכות, ולפעמים נקרא הפה מלכות. ועתה יובן, כי מה שנקרא הפה מלכות הוא נגד מלכות שכתר. וכן בשאר דברים וכנ"ל.

38. Kabbalah sometimes refers to the subdivisions of Keter by the names of their corresponding parts in the head. For example: Peh - Mouth, refers to Malchut of Keter. This explains why Malchut is sometimes called Peh - Mouth, and sometimes Atara - Glans. The term Peh - Mouth, may refer to the particular sefirah of Malchut of Keter, where as Atara - Glans, may refer to the general sefirah of Malchut. This principle applies to all the general and particular sefirot.

[לט] והנה כללות ההנהגה בכלל המה שלשה, היינו: החסד הגמור, והדין הגמור, והנהגה ממוצעת בין חסד לדין שנקרא רחמים כנ"ל. לכן נחלק כל ספירה לשלשה בחינות הנ"ל. כמו ספירת החסד, נחלק לשלשה בחינות: חסד שבחסד, דין שבחסד, רחמים שבחסד, וכן כולם.

39. Each sefirah contains the three general modes of conduct: Pure Kindness, Pure Judgment, and the median conduct of Mercy. For example: the sefirah of Chesed contains Kindness of Chesed, Judgment of Chesed, and Mercy of Chesed. The sefirah of Gevurah contains Kindness of Gevurah, Judgment of Gevurah, and Mercy of Gevurah. This principle applies to all the sefirot.

[מ] ולעיל כתבנו שזרוע ימין האדם רומז לספירת חסד, יש בו גם כן שלשה פרקים: חד"ר שבחסד, כף היד, והיד, והזרוע. וכן בזרוע שמאל שכנגד גבורה, יש שלשה פרקים נגד חד"ר שבגבורה, וכן בגוף שכנגד תפארת, יש בו שלשה פרקים: החזה, ומקום טיבורא דליבא, ומקום הטבור, כנגד חד"ר שבתפארת. וכן ברגל ימין שכנגד נצח שלשה פרקים: הירך, והשוק, והרגל. וכן

ברגל שמאל שכנגד הוד, שלשה פרקים כנ"ל נגד חד"ר שבנצח והוד, וכנ"ל.

40. Each of man's limbs contains three components corresponding to these three general modes of conduct: The Arms - which correspond to Chesed and Gevurah, each contain a hand, forearm, and upper arm. The Torso - which corresponds to Tiferet, contains the chest, heart area and navel area. The Legs - which corresponds to Netzach and Hod, each contain a thigh, calf and foot, etc.

[מא] ולכן נקראו חלקי **חד"ר** שבספירות בשמות הנ"ל, בדרך משל: חסד שבחסד נקרא פרק א' שבזרוע ימין. דין ורחמים נקראו פרק שני ופרק שלישי שבזרוע ימין. וכן בספירת גבורה, נקרא פרק ראשון חסד שבגבורה, פרק ב' דין שבגבורה, פרק ג' רחמים שבגבורה. וכן בספירת תפארת, נקרא חד"ר שבו שליש ראשון, שליש שני, שליש שלישי. ולפעמים נקרא חסד שבתפארת חזה כנ"ל, דין שבתפארת ורחמים שבתפארת נקראו טבור ומקום טיבורא דליבא. וכן בנצח והוד, נקראו שלושה פרקים שברגל על דרך הנ"ל גם כן.

41. The general modes of conduct as they exist in

the sefirot are sometimes allegorically called by the names of their corresponding limbs in man: The Right Hand - corresponds to Kindness of Chesed, The Right Forearm - to Judgment of Chesed, The Right Upper Arm - to Mercy of Chesed, The Left Hand - to Kindness of Gevurah, The Left Forearm - to Judgment of Gevurah, The Left Upper Arm - to Mercy of Gevurah, The Chest - to Kindness of Tiferet, The Navel Area - to Judgment of Tiferet, The Heart - to Mercy of Tiferet, The Right Thigh - to Kindness of Netzach, The Right Calf - to Judgment of Netzach, The Right Foot - to Mercy of Netzach, The Left Thigh - to Kindness of Hod, The Left Calf - to Judgment of Hod, The Left Foot - to Mercy of Hod, etc.

[מב] ולכן כשתמצא בספרים חזה, תדע שהכוונה על חסד שבתפארת, טבור הכונה על דין שבתפארת, זרוע ימין פרק ראשון, הכונה על חסד שבחסד, רגל שמאל פרק ראשון, הכונה על חסד שבהוד, וכן כולם וכנ"ל.

42. Therefore, when the term Chazeh - Chest, is used in Kabbalistic literature, it refers to Kindness of Tiferet. Taboor - Navel, refers to Judgment of Tiferet, Right Hand to Kindness of Chesed, the Left Thigh to Kindness of Hod, etc...

[מג] וכן בכתר נדרש בו לפעמים תלת רישין נגד שלש בחינות הנ"ל, חסד, דין, רחמים. אף על פי שהכתר הוא רחמים גמורים כמו שמבואר למעלה, מכל מקום, באשר הנהגת הכתר הוא השורש לכל ההנהגות של עכשיו - שלפי שרוצה להגיע להתכלית הטוב של הנהגת הכתר, הקדים ההנהגות של עכשיו שעל ידי זה יהיה יותר טוב לצדיקים כשיזכו במעשיהם, וכמו שמבואר

למעלה, ולכן באשר שיש בכתר שורש להנהגות של עכשיו, שהם גם בחסד ודין, לכן נדרש גם בו בחינת שורש לחד"ר. ולכן נקראו רישין, לשון ראשית, לפי שסוף מעשה במחשבה תחלה וכנ"ל.)עיין קל"ח פתחי חכמה סי' ק"ד וסי' צ"ה(.

43. Although Keter is absolute mercy, it is the root of all subsequent conducts which are preparatory to it, as stated, "The last deed was in the first thought," and therefore, possesses the potential qualities of Kindness, Judgment, and Mercy. In Keter these are called the Three "Heads" or "Beginnings."

]מד] ולפי מה שכתבנו שגם הכתר נחלק לעשר ספירות, והרישין הנ"ל הם בחינת ראשית שבכתר, לכן הם הספירות הראשונים שבכתר, שהם: כתר שבכתר, וחכמה שבכתר. ולעיל כתבנו שהכתר נקרא גלגלתא והחכמה נקרא מוח, ולכן נקראו התלת רישין הנ"ל - רישא חדא גלגלתא, שהוא כתר שבכתר. רישא חדא נקרא מוחא, שהוא חכמה שבכתר, ולהגר"א ז"ל כלול בו חכמה ובינה שבכתר כמ"ש בביאורו לספרא דצניעותא פרק א' ד"ה ועוד נ"ל כו', עיין שם.

44. These three heads constitute the highest of the ten sefirot of Keter. They are called Gulgalta - Skull, Moach - Brain, and Avira - Gaseous Membrane, that is, Keter of Keter, Chochmah of Keter, and the median conduct between them.

]מה] ולפי שהעיקר בהנהגה הם החסד והדין, והרחמים הוא הממוזג משניהם, לכן נחשבו לפעמים רק תרין רישין. ובאשר שגם הדין הכונה לטובה, לכן נחשב לפעמים רק אחד, לפי שבכלל הוא הכל לטובה. ובהנהגת הכתר נקרא בזוהר עתיקא קדישא.)ועיין שם בזוהר האזינו באדרא זוטא רפ"ח ע"ב(. וחכמה שבכתר הנ"ל - רישא תנינא הנ"ל, נקרא חכמה סתימאה, וגם

נקרא מוחא סתימאה)ועיין שם בקל"ח פתחי חכמה סימן צ"ה(, גם נקרא בוצינא דקרדנותא, כן כתב הגר"א ז"ל בספר יהל אור תחילת בראשית, עיין שם הטעם, גם נקראו בחינות ראשונות שבכתר: אור קדמון, אור צח, אור מצוחצח.

45. They are also called Ohr Kadmon - The Primal Light, Ohr Tzach - The Brilliant Light, and Ohr Metzuchtzach - The Radiant Light. The Zohar sometimes refers to Keter of Keter as Atika Kadisha - The Transcendent Holy One, and to Chochmah of Keter as Chochmah Stima'ah - The Hidden Chochmah, Mocha Stima'ah - The Hidden Brain, or Botzinah D'Kardenuta - The Black Flame. Because Kindness and Judgment are the more essential conducts (Mercy, being conditioning of the two) sometimes only they are enumerated. Furthermore, sometimes only one head is enumerated, since Judgment too, is ultimately for good.

]מו[ונגד שלש ההנהגות: חסד, דין, ורחמים – יש בעולם שלשה דברים: מים, אש, ואויר - או רוח. מים נגד חסד, אש נגד דין, ואויר או רוח ממוצע בשניהם. וכנגדם ג' אותיות: אמ"ש, ראשי תיבות אויר מים אש. והשלשה אותיות הנ"ל המה נגד חכמה, בינה, כתר - או דעת. חכמה, חסד גמור, וכנגדו מים ואות מ. בינה, דין מתעורר ממנה, כנגדה אש ואות ש. וכנגד הכתר והדעת, אויר ואות א, וכמו שמבואר למעלה, שהדעת ממוצע בין החכמה להבינה. ונקראו שלוש אותיות אמ"ש שלשה אמות. לשון אם פירושו, שלושה אימהות, לפי שמהם כל יתר ההנהגות וכנ"ל, שלכן נקרא בינה אימא, לפי שהחכמה ובינה הם הראשונים והעיקרים בהנהגה, ועיין עוד לקמן. כל הנ"ל מבואר בספר יצירה פרק ג', וביאור הגר"א ז"ל שם, עיין שם.

דין	רחמים	חסד
בינה	כתר-דעת	חכמה
אימא	אריך	אבא
אש	אויר	מים
ש	א	מ

46. The three elements Air, Water, and Fire, correspond to Mercy, Kindness, and Judgment, which are signified by the letters Alef, Mem, and Shin. Alef - corresponds to Keter (or Daat), Mercy and Air, Mem - to Chochmah, Kindness and Water, and, Shin - to Binah, Judgment and Fire. Since Alef, Mem, and Shin are the source of all subsequent conducts, they are called "The Three Mothers."

[מז] וכל הנ"ל הוא בכללות. ובפרטות, נחלקו ההנהגות לתרי"ג מיני הנהגות, אשר כנגדם נבראו באדם תרי"ג – רמ"ח איברים, ושס"ה גידים.

47. There are a total of six hundred thirteen (613) conducts, corresponding to the six hundred thirteen parts in man: Two hundred forty-eight (248) organs and three hundred sixty-five (365) sinews.

[מח] וביאור והסבר העניין מה שנחלק לתרי"ג מיני הנהגות הוא, שהנה כל הנבראים שבכל העולמות שברא הוי"ה יתברך – העליונים והתחתונים יחד בכלל – יש בהם תרי"ג חלקים כמספר התרי"ג חלקי האדם. והאדם בחלקיו הוא נגד כל חלקי הברואים כולם. עד שכל הנבראים בכללם הם נחשבים לאדם אחד גדול, וכמו שכתוב בזוהר תולדות קל"ד ע"ב עיין שם. וכמו שכתב הרמב"ם במורה חלק א' פרק עב, ועיין בנפש החיים שער א' פרק

ד' ופרק ו', ושער ב' פרק ה', עיין שם. והאדם כל חלק שבו וכל אבר שלו, הוא כנגד חלק אחד מן כלל הבריאה.

48. The entire creation, consisting of both the upper spiritual worlds and the lower worlds, is made up of these six hundred thirteen (613) components, each of which has it's counterpart in man. Man, therefore, is a microcosm of the entire creation, the sum total of which can be conceived as one great stature.

[מט] והנה הנהגת השם יתברך והשפעתו על חלקי הבריאה, אינו דומה על אחד, לְמה שהוא על חלק אחר. אף על פי שבהשם יתברך אין בו שינוי, אבל השינוי הוא מסיבת המקבל. שהרי חלקי הבריאה אינם שווים באיכותם, וכל חלק מהבריאה, רק לפי ערכו כן הוא ההנהגה עמו. ובאשר שחלקי הבריאה אינם שווים באיכותם, ממילא אינו דומה ההנהגה וההשפעה אשר על זה, כמו שהוא על זה. ולפי זה, כפי מספר חלקי הבריאה, כן הוא מספר ההנהגות וכנ"ל. ובאשר חלקי הבריאה הם תרי"ג וכנ"ל, לכן יש בהנהגה גם כן תרי"ג הנהגות שונות לפי מספר חלקי הבריאה וכנ"ל.

49. Since each part of creation has its special quality, each receives a unique influence from G-d resulting in six hundred and thirteen (613) different influences. These differences do not arise in the giver, who is unchanging, but rather in the recipients due to their limitations.

[נ] ועל פי זה מבואר מה שכתבנו לעיל, שההנהגה השלימה המתפשטת על כל חלקי הבריאה, וממילא היא מתחלקת לפי ערכי חלקי הבריאה כנ"ל, נאמר עליה שיש בה תרי"ג חלקי ההנהגה. וההנהגה שאינה מתפשטת על כל חלקי הבריאה, נאמר שיש בה רק חלקים כפי מספר החלקים שמתפשטת עליהם וכנ"ל.

50. Accordingly, a conduct which influences the entire Creation, is considered to consist of six hundred thirteen (613) components. However, one which influences a portion of creation consists of the number of corresponding parts in that portion.

[נא] והנה כל התרי"ג חלקים יחד, נקרא אדם כנ"ל, ונקרא פרצוף, ולכן ההנהגה שמתפשטת על כל חלקי הבריאה, נאמר שהיא בחינת פרצוף, ונקרא אותה פרצוף בדרך משל. אבל ההנהגה שאינה מתפשטת על כל חלקי הבריאה, נאמר שאינה בבחינת פרצוף.)כל הנ"ל מבואר באורך בספר קנאת ה' צבאות חלק א' עיין שם(.

51. The six hundred thirteen (613) components in their entirety are allegorically called "Man", and are considered to be one full stature - Partzuf. Only a conduct which influences all the components of Creation is called by this term.

[נב] והנה החמש הנהגות כוללות שזכרנו למעלה, והם: כתר, חכמה, בינה, שש ספירות חג"ת נה"י, שהם הנהגת המשפט כנ"ל, ומלכות, כל אחד מהם כוללת על כל הבריאה. לכן נקרא כל אחד מהן פרצוף, ונאמר שהם בכלל חמשה פרצופים.

52. There are five general Partzufim, each of which influences the entire Creation: Keter - Arich Anpin, Chochmah - Abba, Binah - Ima, Zeir Anpin - The System of Justice, and, Malchut - Nukvah.

[נג] והמלכות, שכוללת בהנהגתה שתהיה מלכותו נגלה בעולם ושכינתו תתגלה בעולם, הנה כאשר שכינתו יתברך שמו מתגלית ושוכנת בכל חלקי הבריאה, נקראה פרצוף שלם, לפי שהיא מתפשטת בכל חלקי התרי"ג של הבריאה כנ"ל. אבל אם על ידי

חטאי התחתונים מסתלקת ח"ו גילוי מלכותו יתברך מהם, וכמו שכתוב: ואנכי[1] הסתר אסתיר פני גו', ונשאר התגלות מלכותו רק למעלה לבד ח"ו, אז נאמר שאיננה בחינת פרצוף רק בחינה מועטת, עד שנשארת בחינת עשירית של הספירות המלכות הכללית. וזהו סוד מיעוט הירח ומילואה, שהמלכות נקראת ירח ולבנה וכידוע. ומובא לקמן אות **מלכות** באילן של מהרש"ל ז"ל. ובעץ חיים שער מיעוט הירח פרק א'. ועיין בזה בארוכה בספר קנאת ה' צבאות חלק א'.

53. The function of Malchut is to reveal G-d's kingdom and presence in the world. When this is fulfilled throughout Creation, Malchut is considered to be a complete stature - Partzuf. However, when man's transgressions cause the concealment of G-d's kingdom from this world as stated, "I will surely conceal my countenance on that day," Malchut cannot be considered complete, but rather a lesser aspect. This is comparable to the waxing and waning of the moon.

[**נד**] וכעין זה כתב הגר"א ז"ל בליקוטיו שבסוף ספר ספרא דצניעותא שם ד"ה וכל אחד מהעיגולים כו', וז"ל שם - שכח מהבורא בכל דבר הוא לפי הנברא כו' והנה כפרטי הנברא כן פרטי הרצון, אף שיכול להברא ברצון אחד, וזה סוד - והלא[2] במאמר אחד יכול להבראות כו', ובדוגמת זה נברא האדם, מספר האיברים והגידים ושאר הפרטים – כמניין כללי העולמות. וכל אבר מסודר לעולם אחד. ובנשמה כמו כן כחות ואיכות כמניין האיברים ומתפשטין בהם כו', וזהו שמכנין לספירות בשם אדם, עד כאן לשון. והוא מבואר על פי הנ"ל.

54. The apparent multiplicity of G-d's influence in

---

[1] דברים לא יח
[2] משנה פרקי אבות ה א

the world is the result of the world's limitations and characteristics, and in no way reflect any limitations in Him. The divine influence given in them is in accordance with the number of their parts, even though one influence would be sufficient, as stated in Pirke Avot that the world could have been created with one utterance. Man too, was created with the number of his organs and sinews corresponding to the multiplicity of worlds, each organ corresponding to one world. Similarly, the soul of man has faculties corresponding to the organs of the body within which it resides. Because of this correlation of man, his soul, and the worlds, the sefirot are allegorically called "Man."

[נה] וכיון שהאיברים הם נגד חלקי הבריאה והעולמות, לכן באותו שם שנקרא אבר אדם, באותו שם נקרא חלק הבריאה שהוא כנגדו. וכן באותו שם שנקרא בו אותו אבר, כן נקרא באותו שם חלק ההנהגה שהאבר של האדם שהוא כנגדה. ולכן נמצאו כל שמות של איברי האדם בחלקי ההנהגה, ועל דרך הנ"ל. (ועיין קל"ח פתחי חכמה סימן ע', ע"א, ובסימן י"ז עיין שם).

55. Therefore, due to this correlation, the worlds and conducts are sometimes allegorically called by the names of their corresponding organs in man.

[נו] וכן בנשמה של האדם יש תרי"ג חלקים כנגד תרי"ג איברי הגוף, וכמו שכתב בהתחלת ספר שערי קדושה להמרח"ו ז"ל, וכנ"ל בשם הגר"א ז"ל עיין שם.

56. The human soul, too, possesses six hundred and thirteen (613) parts, corresponding to the six hundred thirteen (613) organs.

[נז] וכנגד התרי"ג הנ"ל הם תרי"ג מצות שבתורה. נמצא שכל הנ"ל הם זה כנגד זה, תרי"ג איברי הגוף, תרי"ג חלקי הנשמה, תרי"ג חלקי הבריאה, תרי"ג חלקי ההנהגה, תרי"ג מצות התורה. וכאשר האדם מקיים מצוה אחת מהתורה, הוא מוסיף קדושה באיברי גופו שכנגד מצוה זו, ונעשה תיקון בחלק נשמתו שכנגד מצוה זאת, ונעשה תיקון בחלק הבריאה שכנגד מצוה זו. אם ביחיד העושה, התיקון הוא לפי שורש נשמתו. ואם רבים העושים, אז התיקון בכלל חלק הבריאה ההיא. וכנגדו גם הוי"ה ייתן הטוב, בההנהגה שכנגד חלק ההוא ומצוה ההיא. וכן ח"ו בחטא מצוה אחת, הוא פוגם בכל הדברים שכנגד מצוה זו על דרך הנ"ל. וכן כתב הגר"א ז"ל שם, עיין שם, ובנפש החיים שער א' פרק ד' בשם זוהר תרומה עיין שם, ופ"ו ופי"ב, עיין שם באריכות. ועיין בעץ חיים שער קליפות נוגה שער מ"ט פרק ה', עיין שם כל זה, ובמשנת חסידים מסכת הוויות נשמות, ולהלן עיין שם.

57. So too, the Mitzvot of the Torah number six hundred thirteen (613), corresponding to the organs, parts of the soul, worlds, and conducts. When a person fulfills a Mitzva, he increases sanctity in those organs of his body which correspond to that Mitzva, which in turn causes a degree of perfection in the corresponding parts of his soul, and creation. When performed by an individual only that specific portion of Creation wherein his soul is rooted is affected. However, when performed communally, the Mitzvah affects the entire corresponding part of creation. Accordingly, when man takes the initiative in performing a Mitzvah, G-d responds in kind by bestowing blessings through the conduct which corresponds to that Mitzvah. Conversely, the transgression of a Mitzvah causes a blemish in all its corresponding parts.

[נח] וכן בפרטים של איברי האדם, ובכל עניני טבעיות שבראו השם יתברך, וכל סדר טבעי בריאותו – כמו עיבור, יניקה, קטנות, וגדלות, וכדומה, וכל הזמנים שמתארך כל דבר בו. כל הנ"ל, מרמזים הכל על עניינים גדולים בענייני ההנהגה. ונקראו גם כן כללי ההנהגה בשמות דברים שמרמזים עליהם. ובכלל כל הנמצא באדם, הכל יש בהם רמז בסתרי ההנהגה ודרכי השם יתברך. (ועיין עוד לקמן, וספר קל"ח פתחי חכמה סי' ע"א וקכ"ב, עיין שם).

58. Furthermore, all man's organs, natural characteristics, and life stages such as: Embryonic (Ibur), Infancy (Yenika), Childhood (Katnut), and, Adulthood (Gadlut), etc. hint at great matters in G-d's conduct. These conducts are called by the names of the stages corresponding to them. Generally, everything that is found in man hints at G-d's hidden conduct toward Creation. In addition, this principle applies to the passage of time in general.

[נט] ועיין בעץ חיים שער פרקי הצלם פרק ששי שנמצא שם עוד דרך איך נחלקו ההנהגות לרמ"ח כנגד רמ"ח איברים. והוא באופן זה: לפי מה שכתבנו למעלה שכל אחד מהשלשה – חסד, דין, רחמים, נחלק אחר כך כל אחד עוד לחד"ר, ואחר כך כל אחד עוד לחד"ר, ולכן אם נחלק שלשה חלקי ההנהגה הכללית חסד, דין, רחמים, עד ארבעה פעמים, יהיו רמ"ג. כי שלוש פעמים שלוש הם תשע, ושלוש פעמים תשע הרי כ"ז, ושלוש פעמים כ"ז הם פ"א, ושלוש פעמים פ"א הם רמ"ג, כמניין **אברם**, ובצירוף חמש בחינות פנימיות, הם רמ"ח, ועיין שם.

59. An alternate method of enumerating the two hundred forty-eight (248) conducts, corresponding to the two hundred forty-eight (248) organs is given in Etz Chaim: each of the three modes of conduct;

Kindness, Judgment and Mercy, is subdivided to the fourth power as follows: Three times Three = Nine Three times Nine = Twenty Seven Three times Twenty Seven = Eighty One Three times Eighty One = Two Hundred Forty-Three The numerical value of the name AVRAM (אברם). With the addition of the five inner aspects, (i.e. the five Kindnesses) the total equals two hundred and forty-eight, the numerical value of the name AVRAHAM (אברהם).

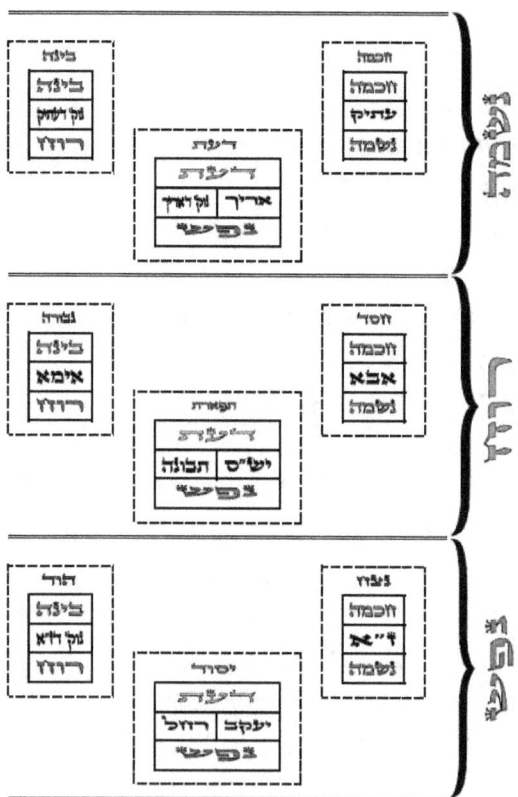

פרק ג'
Chapter 3

פרק ג

בו יבואר עניין השמות וכללים בזה, ובו ל"ח סעיפים.

In which is explained the matter of the Divine names and the principles pertaining to them.

[ס] והנה, אמרו חז"ל במדרש רבה שמות פרשה ז', שאמר לו השם יתברך למשה – שמי אתה מבקש לידע, לפי מעשי אני נקרא, פעמים שאני נקרא בא"ל שד"י, בצבאו"ת, באלהי"ם, בהוי"ה. כשאני דן את הבריות אני נקרא אלהי"ם, וכשאני עושה מלחמה ברשעים אני נקרא צבאו"ת, וכשאני תולה על חטאיו של אדם אני נקרא א"ל שד"י, וכשאני מרחם על עולמי אני נקרא הוי"ה, שאין הוי"ה אלא מדת רחמים שנאמר: הוי"ה[1] הוי"ה אל רחום וחנון. הוי - אהי"ה[2] אשר אהי"ה, אני נקרא לפי מעשי, עד כאן לשון המדרש שם. וגם במלאכים אמרו חז"ל, שנקראו על שם פעולת שליחותם, ומשתנה שמם תמיד לפי פעולת שליחותם, וכמובא בפירוש[3] רש"י וישלח על פסוק: למה[4] זה תשאל לשמי. עיין מדרש רבה פרשה ע"ח סימן ד'.

60. Midrash Rabba states, "G-d said to Moshe, "You wish to know my name? I am called according to my deeds. I may be called El Shaddai, Tzvaoth, Elokim or YHVH. When I judge the creatures, I am called Elokim, when I battle the wicked, I am called El Shaddai, and when I have mercy upon my world, I

---

[1] שמות לד ו

[2] שמות ג יד

[3] רש"י למה זה תשאל - בראשית רבה, אין לנו שם קבוע, משתנין שמותינו, הכל לפי מצות עבודת השליחות שאנו משתלחים

[4] בראשית לב ל

am called YHVH". The name YHVH always denotes the attribute of mercy, as stated, "YHVH, YHVH is a merciful and gracious G-d." This is the meaning of "I will be as I will be", that is "I will be called according to my deeds". (The sages stated that the names of the angels too, correspond to their mission, and differ accordingly).

[סא] ולכן על פי דרך הנ"ל, המה השמות שהוזכרו בספירות ובפרטותיה. שכנגד כל דרך הנהגה יש שם בפני עצמו, שכשהוא מתנהג כביכול בהנהגה זו, הוא נקרא בשם זה. וכשהוא מתנהג בהנהגה זאת, הוא כביכול נקרא בשם זה. ועל הדרך הזה הנ"ל, הם השמות שהוזכרו בספרים, עיין עץ חיים שער השמות. ועיין נפש החיים שער ב' פרק ג'.

61. Likewise, the names of the Sefirot reflect their specific conduct, and differ accordingly.

[סב] ולכן נגד עשר ספירות בכלל, הוזכרו בספרי הראשונים עשר שמות שאינם נמחקים. שכשהוא מתנהג בהנהגת הספירה הזאת, נקרא בשם זה, וכנ"ל, והם: כתר נגד שם אהי"ה, חכמה נגד שם י"ה, בינה שם הוי"ה בניקוד אלהי"ם, לפי שהוי"ה מורה על רחמים, ואלהי"ם על דין, ובינה היא רחמים, רק דינין מתערין מינה לטובה וכנ"ל, לכן השם העיקר הוי"ה, והנקודות הם אלהי"ם שהוא דין, נגד חסד שם א"ל, גבורה שם אלהי"ם, תפארת שם הוי"ה, שהתפארת נוטה לחסד, וכמו שכתבנו לעיל, נצח שם הוי"ה צבאו"ת, הוד שם אלהי"ם צבאו"ת, יסוד נגד שם שד"י או שם א"ל-חי, מלכות שם אדנ"י. זוהר ויקרא דף י' ע"ב ודף י"א ע"א, עיין שם. והכל על דרך הנ"ל – באיזה הנהגה שהוא מתנהג, בשם זה הוא נקרא וכנ"ל. ועיין ספר יצירה פ"ו משנה ו' ובהגהות הגר"א ז"ל שם, עיין שם.

כתר

אהי"ה

חכמה בינה

י"ה יְהֹוִה

דעת

אהו"ה

חסד גבורה

א"ל אלהי"ם

תפארת

יהו"ה

נצח הוד

יהו"ה צבאו"ת אלהי"ם צבאו"ת

יסוד

שד"י

מלכות

אדנ"י

62. The Ancients, therefore, mention ten unerasable names, corresponding to the vessels of the ten general sefirot through which G-d relates to his world, as follows; Keter corresponds to Eheyeh Chochmah to Yah Binah to YHVH with the vowel points of Elokim (Daat to EHVE) Chesed to El Gevurah to Elokim Tiferet to YHVH Netzach to YHVH Tzvaoth Hod to Elokim Tzvaoth Yesod to Shaddai or El Chai and Malchut to Adonai

[סג] וכן בשם הוי"ה לבד מרומז הנהגת כל העשר ספירות. והיינו **קוצו של יו"ד** נגד כתר, **יו"ד** נגד חכמה, **ה'** ראשונה נגד

בינה, **וא"ו** נגד ששה ספירות חג"ת נה"י, **ה'** אחרונה נגד מלכות. וכן בכל שמות העסמ"ב.

הוי"ה	ספירות	פרצופים
י (קוצו של יו"ד)	כתר	אריך אנפין
י	חכמה	אבא
ה	בינה	אימא
ו	חג"ת נה"י	ז"א
ה	מלכות	נוקבא

63. In addition, the name YHVH also alludes to all the ten Sefirot, as follows; The tip of the Yod corresponds to Keter, the body of the Yod to Chochmah the first Hey to Binah the vav to the six Sefirot of Zeir Anpin and the final Hey to Malchut.

[סד] וכתבנו למעלה בסעיף כ"ה וכ"ו, שהנהגת הכתר בהתגלות יהיה לעולם הבא, ורק עכשיו הוא בהעלם גדול. ולכן מורה על זה שם **אהי"ה** על הנהגת הכתר, לשון עתיד להיות, ולא עכשיו, כן כתב הגר"א ז"ל בשם הזוהר. ולכן בשם הוי"ה, שהוא מורה על הנהגות של עכשיו, שהוא **היה הוה ויהיה** והוא מהוה הכל, עיין ביאור הגר"א ז"ל על או"ח סימן ה', ובפירושו להיכלות הזוהר דפקודי בהתחילת היכל השני – ולכן אין בו על הנהגת הכתר אות בפני עצמו, רק רמז בקוצו של יו"ד, עיין ביאור הגר"א ז"ל ספרא דצניעותא פרק ב' בד"ה בהא זימנא כו', עיין שם.

64. YHVH indicates that G-d was, is, and will be, and is the source of all being. It alludes to the manner in which the world is presently conducted. Keter (or Eheyeh), though the underlying and motivating factor in the world, is exceedingly hidden, and will only be revealed in the world to come. For this reason, it is merely hinted at in the name YHVH, by the tip of the Yod.

[סה] ובזה יש לתרץ מה שנמצא בעץ חיים, ששם אהי"ה מורה על דין יותר משם הוי"ה. וקשה, הא שם אהי"ה הוא על הנהגת הכתר שהוא יותר רחמים מתפארת, ושם הוי"ה הוא בתפארת כנ"ל. ולהנזכר לעיל ניחא, ששם אהי"ה מורה שיהיה לעתיד ולא עכשיו. ולכן על זמן של עכשיו מורה דין, ובזמן העתיד אז יהיה הנהגת הכתר בהתגלות, שהוא רחמים גמורים. מה שאין כן הוי"ה, מורה גם עכשיו רחמים.

65. Eheyeh represents Keter and Arich Anpin, which is great and unqualified mercy, whereas YHVH represents Tiferet and Zeir Anpin, which is the system of justice and qualified mercy. Yet Etz Chayim states that Eheyeh is a greater severity then YHVH. That is, since Eheyeh is presently withheld and will only be revealed in the world to come, the world as it is today receives greater mercy from YHVH than from Eheyeh which is almost entirely concealed, it's very concealment is its severity.

[סו] וכן יש נגד עשר ספירות עשר מיני נקודות. היינו נגד כל ספירה שם הוי"ה בנקודות אחרות. והם: נגד כתר קָמץ, נגד חכמה פַתח, נגד בינה צֵירי, נגד חסד סֶגול, נגד גבורה שְׁוא, וכתב הגר"א ז"ל בפירוש ספר יצירה שלכן השְׁוא צריך לאומרו במהירות, לפי שהוא דין, נגד תפארת חוֹלם, נגד נצח חִיריק, נגד הוד שֻרוק, נגד יסוד קובוץ, הנקרא מלואפום, נגד מלכות בלא ניקוד. ועיין עץ חיים שמ"ד פרק א' ופרק ג'.

The Beginning of Kabbalah Wisdom 3 כללי תחילת חכמת הקבלה

יָהָוָהָ	אָ	קמץ	כתר
יַהַוַהַ	אַ	פתח	חכמה
יֵהֵוֵהֵ	אֵ	צרי	בינה
יֵהֵוָהֵ		מוצא	דעת
יֶהֶוֶהֶ	אֶ	סגול	חסד
יְהְוְהְ	אְ	שוא	גבורה
יֹהֹוֹהֹ	אֹ	חולם	תפארת
יִהִוִהִ	אִ	חיריק	נצח
יֻהֻוֻהֻ	אֻ	קובוץ	הוד
יוּהוּווּהוּ	אוּ	שורוק	יסוד
-	א	-	מלכות

66. There are ten vowels, corresponding to the inner lights of the ten Sefirot. Each Sefira possesses the name YHVH with different vowel points, as follows;
Kamatz (אָ) for Keter,
Patach (אַ) for Chochmah,
Tzeirei (אֵ) for Binah,
Segol (אֶ) for Chesed,
Shvah (אְ) for Gevurah,
Cholem (אֹ) for Tiferet,
Chirik (אִ) for Netzach,
Koobootz (אֻ) for Hod,
Shoorook (אוּ) for Yesod,
And Malchut without vowels)א(.

Know that the VOWELS are in every letter of the Aleph Bet. I used only the first letter Aleph, as an example.

[סז] השם של הדעת הוא אהו"ה, שהוא אותיות ראשונות של שם אהי"ה, ואותיות אחרונות של שם הוי"ה. והנקודות של הדעת על שם הוי"ה הוא, שהאותיות – הוי"ה, והנקודות – כפי שנקראו האותיות: **היו"ד** בחולם, **וההי"י** בצירי, **והוא"ו** בקמץ, **וההי"י** בצירי. ושם זה הוי"ה בנקודות אלו נקרא **שם המפורש**. כן כתב בעץ חיים שער השמות פרק א'. והגר"א ז"ל בפירוש ספר יצירה פרק א' משנה א' אופן שלישי כתב, שהוי"ה במילוי אלפי"ן **יו"ד ה"א וא"ו ה"א** הוא שם המפורש, עיין שם.

67. The vessel of Daat is EHVH (אהו"ה) which combines the first two letters (א"ה) of Eheyeh and the last two letters (ו"ה) of YHVH. The vowels of the YHVH of Daat which represents its inner light, are in accordance with the pronunciation of each particular letter, as follows; Cholem for the Yod (יֹ) Tzeirei for the Hey (הֵ) Kamatz for the Vav (וָ) and Tzeirei for the final Hey (הֵ) The name YHVH with these vowel points is called "The Ineffable Name" (שם המפורש).

[סח] והנה כשנכתב אות אחד מלא באותיותיו כמו שנקרא, נקרא מילוי, כזה: א"לף ב"ית גימ"ל וכו'. ואות **ה'**, נוכל לכותבו ולמלאותו בשלוש אופנים, היינו: ה"י, ה"א, ה"ה. היינו למלאותו ביו"ד, או באל"ף, או בה"ה. ואות **ו'**, נוכל גם כן לכותבו במילוי בשלוש אופנים, כזה: וא"ו, וי"ו, ו"ו – באל"ף או ביו"ד באמצע, או בלא אות באמצע. ולכן, כשנכתוב שם הוי"ה במילואו, נוכל לכותבו על כמה אופנים – את מילוי ה"ה ואת מילוי הוא"ו כנ"ל.

68. The Divine names may be expanded by spelling out their individual letters as follows; Alef (אל"ף) Beit (בי"ת) Gimmel (גימ"ל) etc. The letters Hey (ה) and Vav (ו) each have three possible spellings; HY (ה"י) VYV (וי"ו) HA (ה"א) VAV (וא"ו) HH (ה"ה) VV

(ו"ו) YHVH may therefore be expanded into several possible spellings depending on the variant spellings of the letters Hey (ה) and Vav (ו).

[סט] ועל פי הרוב, נדרש בספרים את שם הוי"ה במילואו על ארבעה אופנים. אופן האחד כזה: יו"ד ה"י וי"ו ה״י, שהוא כולו במילוי יודי"ן, והוא בגימטריא ע"ב, ונקרא שם ע"ב. אופן שני כזה: יו"ד ה"י וא"ו ה"י, היינו ההי"ן במילוי יודי"ן כנ"ל, והוא"ו במילוי א', והוא גימטריא ס"ג, ונקרא שם של ס"ג. אופן שלישי כזה: יו"ד ה"א וא"ו ה"א, היינו כולו במילוי אלפי"ן, והוא בגימטריא מ"ה, ונקרא שם מ"ה. והגר"א ז"ל בספר יצירה פרק א' משנה א' אופן ג' כתב, ששם זה נקרא שם המפורש, עיין שם. אופן רביעי כזה: יו"ד ה"ה ו"ו ה"ה, ההי"ן במילוי ה' והו"ו בלי מילוי אות באמצע, והוא גימטריא נ"ב, ונקרא שם ב"ן - פירוש גימטריא נ"ב, ונתחלף בכתיבה ובקריאה הנ' אחר הב', שלא יתחלף במבטא השם נ"ב בשם ע"ב. על דרך מה שאומרים העולם בשם הקדוש מהרב שמשון מאסטריפאליא על המדרש פליאה: מפני מה שלשה דרגין, פשטין, וחד מהפיך, מפני שחותמו של הקדוש ברוך הוא הוא אמת. ואמר הקדוש מהרב שמשון מאסטריפאליא על זה שהכוונה הוא על ארבעה מילואי שמות, שהם: ע"ב, ס"ג, מ"ה, ב"ן. שהשלוש שמות הראשונים נקראים כסדרן, אותיות העשיריות קודמין לאותיות האחדים, היינו **הע'** קודם **להב'**, וכן **הס'** קודם **להג'**, **והמ'** **להה'**. והוא כסדר המורגל בתורה, מספר המרובה קודם למספר המועט. משאין כן השם ב"ן, נקרא בהיפוך, **הב'** קודם **להן'**. ועל זה אמר המדרש, מפני שחותמו של הקדוש ברוך הוא אמת, כי אמ"ת במספר קטן **תשע**, וכן כל הארבעה שמות הנ״ל הם כל אחד בגימטריא תשע:

ע"ב מספר קטן שלו תשע,
ס"ג במספר קטן הוא תשע,
מ"ה מספר קטן הוא תשע,
ב"ן אם נחשב הנו"ן לנון פשוטה, שהוא על דרך חשבון מנצפ"ך, ואז הנו"ן היא שבע מאות בחשבון כידוע, היא גם כן במספר קטן תשע – **הן'** שבע, **והב'** שנים, הרי תשע. וכל זה אם

נחשב הנון אחרון אחר הב', והוא נון פשוטה. משאין כן אם יכתוב הנון קודם, כדרך כל השמות הנ"ל, אז לא יעלה מספרו כי אם רק שבע. **נ'** כפופה במספר קטן היא חמש, וה**ב'**, הרי רק שבע. ולכן נתהפך השם הנ"ל, ה**ב'** קודם ה**ן'**. כן אומרים שתירץ המדרש, הקדוש מהרב שמשון הנ"ל. ושאל הגר"א ז"ל את אדוני אבי זקני החסיד כו', הרב רבי קלונימוס קלמן זלל"ה מקהילת קודש טשאוס כך על זה: מאחר שלפי משפט הלשון צריך להיות באמת הנון קודם, והוא נון כפופה, ומספרו במספר קטן רק חמש, מה תועלת מזה שאם מהפכים הסדר בכוונה ואומרים האות **ב'** קודם והנון אחרון. וכי בשביל שאנו מהפכים באמרי פינו, יתהפך העניין להעשות מנון כפופה נון פשוטה. והשיב לו אדוני אבי זקני החסיד כו', מהרב קלונימוס ז"ל הנ"ל, כי באמת בעומק העניין, הנון דשם ב"ן הוא נון פשוטה מעיקרו. כי נודע הוא שהשם ב"ן הוא הוי"ה כפולה, ומספר הוי"ה הוא כ"ו. וכאשר נצרף המספר כ"ו כולם יחד האותיות, היינו: א', ב', ג', ד', ה', ו', ז', ח', ט', י', י"א, י"ב, י"ג, י"ד, ט"ו, ט"ז, י"ז, י"ח, י"ט, כ', כ"א, כ"ב, כ"ג, כ"ד, כ"ה, כ"ו – שהוא מספר הוי"ה, יעלה גימטריא שנ"א. והוא מספר הוי"ה א', וכן הוי"ה ב' כנ"ל, שהרי שם ב"ן הוא שתי הויו"ת כנ"ל, יעלה בסך הכל תש"ב, גימטריא שב"ת, וזהו שבת שלום מכל סטרוהי, מכתב יד של אדוני אבי זקני מהרב קלונימוס ז"ל. ואם כן, על חשבון מנצפ"ך, שה**ן'** הוא שבע מאות, ועם **ב'** הוא הוי"ה כפולה כנ"ל, ועל כן נמצא שהשם ב"ן הוא מעיקרו נו"ן פשוטה, כי הוא הוי"ה כפולה וכנ"ל. כן קבלתי במכתב מהרב הגאון וצדיק כו' הרב רבי שלמה במהרי"ח עליאשאוו שליט"א, וכן נמצא אתי בכתב יד גם כן בשם אדוני אבי זקני החסיד ז"ל, רק בשינוי לשון קצת. ויובא אם ירצה השם בהסידור ארון המאיר, וזכור כלל זה, שכל מקום שתמצא ב"ן, פירושו שם הוי"ה במילוי ההי"ן הנ"ל, שהוא גימטריא נ"ב כנ"ל.

69. There are four general expansions of YHVH; The first is YOD HY VYV HY (יו"ד ה"י וי"ו ה"י) and is expanded with Yods. This is the name of 72-A"V (ע"ב) which is its numerical value. The second is

YOD HY VAV HY (י"וד ה"י וא"ו ה"י) and is expanded with Yods and an Aleph. This is the name of 63-SA"G (ס"ג) which is its numerical value. The third is YOD HA VAV HA (י"וד ה"א וא"ו ה"א) and is expanded with Alephs. This is the name of 45-M"AH (מ"ה) which is its numerical value. The last is YOD HH VV HH (י"וד ה"ה ו"ו ה"ה). This is the name of 52-B"AN (ב"ן) which is its numerical value. It is called Ban (ב"ן) though the proper grammatical form is Nav (נ"ב), the greater value preceding the lesser. This is to avoid the confusion of Av (ע"ב) with Nav (נ"ב).

72 ע"ב - יו"ד ה"י וי"ו ה"י

63 ס"ג - יו"ד ה"י וא"ו ה"י

45 מ"ה - יו"ד ה"א וא"ו ה"א

52 ב"ן - יו"ד ה"ה ו"ו ה"ה

[ע] והנה הארבעה מילואי שם הוי"ה הנ"ל: ע"ב, ס"ג, מ"ה, ב"ן, הם גם כן נגד הספירות כדרך ארבעה אותיות של שם הוי"ה הנ"ל. מילוי ע"ב כנגד חכמה, מילוי ס"ג נגד בינה, מילוי מ"ה נגד ששה ספירות חג"ת נה"י, מילוי ב"ן נגד מלכות.

70. The expansions of YHVH, (Av-72, Sag-63, Mah-45, and Ban-52) correspond to the five Statures (Partzufim) which are represented by the name YHVH; Av-72 corresponds to Keter and Chochmah, represented by the tip and body of the Yod (י). Sag-63 corresponds to Binah, represented by the first Hey (ה). Mah-45 corresponds to the six Sefirot of

Zeir Anpin represented by the Vav (ו). And Ban-52 corresponds to Malchut, represented by the final Hey (ה).

[עא] וביאור הדבר למה הארבעה מילואים באופנים הנ"ל הוא, כי אות יו"ד מורה על חסד, ואות ה' מורה על דין, ואות א' מורה על פי הרוב נגד הנהגה הממוצעת שבין חסד לדין שנקרא רחמים, וכמו שכתב בספר יצירה פרק ג', וכמו שכתבנו לעיל פרק ב' סעיף י"ג, עיין שם. ולכן שם ע"ב מורה על חסד, על כן הוא מתמלא כולו ביודי"ן, שכולו נוטה לחסד, ולכן הוא כנגד חכמה וכנ"ל. ושם ס"ג הנ"ל, הוא רובו ביודי"ן שהוא חסד, רק אות וא"ו שמורה על הנהגה ממוצעת מתמלא בא' שהוא גם כן הנהגה ממוצעת. היינו רובו חסד, עם מעט הנהגה ממוצעת.

71. The letters Yod (י), Aleph (א), and Hey (ה), represent the three modes of conduct, Kindness, mercy and judgment. Av-72 represents Keter and Chochmah, because it is filled entirely with Yods, and is pure Kindness. Sag-63 is filled with Yods except for the Aleph in the Vav. This indicates that it is mostly kindness with a portion of mercy. It therefore represents Binah. The Aleph appears in the Vav of Sag-63 because the Vav as well represents the quality of mercy.

[עב] שם מ"ה הנ"ל הוא כולו באלפי"ן, שהוא כולו הנהגה ממוצעת, ורק נוטה קצת יותר לחסד, וכמו שכתבנו בספירת תפארת. ולכן הוא נגד הנהגת המשפט עם זכות וכנ"ל. שם ב"ן הוא כולו בההי"ן, והו"ו בלא אות באמצע, שהוא מורה על דין גמור וכנ"ל. ולכן הוא נגד מלכות, שהוא משפט צדק ודין לפעמים, וכמו שיתבאר.

72. Mah-45 is merciful and inclines toward kindness

(as does the Sefirah of Tiferet) because it is filled entirely with Alephs. It therefore corresponds to Zeir Anpin, the qualified system of justice. Ban-52 is Judgment. This is because it is filled with Heys and its Vav is empty. It therefore, represents Malchut, which is "Righteous Judgment" and may be severe.

[עג] ולכן בכלל שם ע"ב כולו חסד, שם ס"ג חסד עם מקצת הנהגה ממוצעת, שם מ"ה רחמים – שהוא הנהגה ממוצעת נוטה קצת לחסד, שם ב"ן כולו דין.

73. Thus, Av-72 is entirely kindness, Sag-63 is kindness with a degree of mercy, Mah-45 is merciful and leans toward kindness, and Ban-52 is entirely judgment.

[עד] והנה כמו שכתבנו למעלה שהשלשה בחינות **ח**'סד **ד**'ין **ר**'חמים נחלקים אחר כך כל אחד גם כן לבחינות הנ"ל, חסד שבחסד, דין שבחסד, רחמים שבחסד. וכן הדין נחלק כנ"ל, חסד שבדין, דין שבדין, רחמים שבדין, וכן רחמים כנ"ל. כן גם כאן, הארבעה בחינות הנ"ל ע"ב, ס"ג, מ"ה, ב"ן, נחלקים אחר כך גם כן כל אחד לארבעה בחינות הנ"ל. היינו: ע"ב הכולל מתחלק לארבעה – ע"ב שבע"ב, ס"ג שבע"ב, מ"ה שבע"ב, ב"ן שבע"ב, וכולם בכלל נקראו חלקי ע"ב הכולל. וכן ס"ג הכולל נחלק לארבעה – ע"ב שבס"ג, ס"ג שבס"ג, מ"ה שבס"ג, ב"ן שבס"ג. וכן מ"ה הכולל, וכן ב"ן הכולל נחלק – ע"ב שבב"ן, ס"ג שבב"ן וכו' וכנ"ל.

ב"ן	מ"ה	ס"ג	ע"ב
יוד הי ויו הי	יוד הי ויו הי	יוד הי ויו הי	יוד הי ויו הי
יוד הי ואו הי	יוד הי ואו הי	יוד הי ואו הי	יוד הי ואו הי
יוד הא ואו הא	יוד הא ואו הא	יוד הא ואו הא	יוד הא ואו הא
יוד הה וו הה	יוד הה וו הה	יוד הה וו הה	יוד הה וו הה

74. Each of these expansions, Av, Sag, Mah, and

Ban may be subdivided as follows; Av of Av, Sag of Av, Mah of Av and Ban of Av etc. This principle applies to all four names.

עה] ולפעמים גם אחד מחלקים הנ"ל מתחלק עוד לארבעה בחינות הנ"ל. בדרך משל, ע"ב שבע"ב מתחלק עוד, ונקרא אז ע"ב שבע"ב שבע"ב. ס"ג שבע"ב שבע"ב, מ"ה שבע"ב שבע"ב, ב"ן שבע"ב שבע"ב. וכן כל חלקי שמות הנ"ל ע"ב, ס"ג, מ"ה, ב"ן, נחלקים כל אחד לארבעה חלקים. כל הנ"ל מבואר בפשיטות בספרים.

75. These subdivisions may also be further subdivided as follows; Av of Av of Av, Sag of Av of Av, Mah of Av of Av, Ban of Av of Av. This applies to all the subdivisions.

עו] יש בספר תורה ארבעה דברים: טעמים, נקודות, תגין, אותיות. ראשי תיבות טנת"א, עיין עץ חיים שער ה', והם נגד הארבעה בחינות הנ"ל: ע"ב, ס"ג, מ"ה, ב"ן. ונקראו השמות ע"ב, ס"ג, מ"ה, ב"ן – טעמים, נקודות, תגין, אותיות. היינו, בחינת ע"ב נקרא טעמים, בחינת ס"ג נקרא נקודות, מ"ה נקרא תגין, ב"ן נקרא אותיות.

ע"ב	ס"ג	מ"ה	ב"ן
יוד הי ויו הי	יוד הי ואו הי	יוד הא ואו הא	יוד הה וו הה
טעמים	נקודות	תגין	אותיות
י'	ה'	ו'	ה'
חכמה	בינה	חג"ת נה"י	מלכות

76. Torah script is comprised of four elements. Cantillations, vowels, crownlets and letters, corresponding to Av, Sag, Mah, and Ban as follows; Av corresponds to Cantillations Sag to Vowels Mah to Crownlets and Ban to Letters. Sometimes the names Av, Sag, Mah, and Ban are called by these corresponding counterparts.

[עז] וגם הטעמים, נקודות, טעמים, אותיות, נחלק כל אחד לארבעה הנ"ל דרך הנ"ל. טעמים דטעמים, נקודות דטעמים, תגין דטעמים, אותיות דטעמים. וכן נקודות נחלק כנ"ל טעמים דנקודות, נקודות דנקודות, תגין דנקודות, אותיות דנקודות. וכן נחלק תגין הכולל ואותיות הכולל כנ"ל.

אותיות	**תגין**	**נקודות**	**טעמים**
טעמים	טעמים	טעמים	**טעמים**
נקודות	נקודות	**נקודות**	נקודות
תגין	**תגין**	תגין	תגין
אותיות	אותיות	אותיות	אותיות

77. As Av, Sag, Mah, and Ban are subdivided, so too are these, as follows; Cantillations of Cantillations, Vowels of Cantillations, Crownlets of Cantillations, and Letters of Cantillations etc. This principle applies to all four elements.

[עח] ויש מקומות שנחשב רק שלש בחינות: טעמים, נקודות, ואותיות עם תגין נחשבים לאחד, ששניהם כתובים בתורה, ועיין בעץ חיים שער טנת"א בתחילתו במהדורה תנינא, ועיין שם במהדורה בתרא מה שכתב בזה, ועיין שם פרק ו' מה שתירץ בזה. ועיין בנפש החיים שער ב' פרק ט"ז בהג"ה מה שכתב בזה. ועיין בקל"ח פתחי חכמה סוף סימן ל"א מה שכתב בזה. ועיין ביאור הגר"א ז"ל על ספר יצירה פרק א' משנה א' אופן ג', מה שכתב גם כן בזה, עיין שם.

78. Sometimes the letters and the crownlets are considered to be one, since they are connected when written in the Torah, so that only three elements are enumerated.

עט] וכן בשם אהי"ה יש בו שלוש מילואים, היינו: מילויי ההי"ן ביודי"ן כזה: אל"ף, ה"י, יו"ד, ה"י. ונקרא אהי"ה דיודי"ן, והוא גימטריא קס"א. ונקרא שם קס"א, והוא מורה על בחינת חסד שבאהי"ה, שהיודי"ן המה חסד כנ"ל. והשני מילוי ההין באלפי"ן כזה: אל"ף, ה"א, יו"ד, ה"א. והוא גימטריא קמ"ג. ונקרא אהי"ה דאלפי"ן, ומורה על הנהגה הממוצעת שבאהי"ה כנ"ל, שהאל"ף היא הנהגה ממוצעת, ונקרא שם קמ"ג. והשלישי מילוי ההי"ן בה"ה כזה: אל"ף, ה"ה, יו"ד, ה"ה. והוא גימטריא קנ"א, ונקרא שם קנ"א, והוא נקרא אהי"ה דההי"ן ומורה על בחינת דין שבאהי"ה, וכנ"ל ש**ה'** הוא בחינת דין.

79. The name Eheyeh also has three extensions representing kindness, mercy, and judgment. The first is filled with Yods as follows; ALEPH--HY--YOD--HY (אל"ף ה"י יו"ד ה"י) and represents kindness of Eheyeh. It is called the name of 161 (קס"א) which is its numerical value. The second is filled with Alephs as follows; ALEPH--HA--YOD--HA (אל"ף ה"א יו"ד ה"א) and represents mercy of Eheyeh. It is called the name of 143 (קמ"ג). The third is filled with Heys as follows; ALEPH--HH--YOD--HH (אל"ף ה"ה יו"ד ה"ה) and represents judgment of Eheyeh. It is called the name of 151 (קנ"א).

פ] וכן שם אלהי"ם מתמלא הה"א על שלושה אופנים כנ"ל, היינו כזה: אל"ף, למ"ד, ה"י, יו"ד, מ"ם. והוא נקרא אלהי"ם דיודי"ן, ומורה על נטיה לחסד. או כזה: אל"ף, למ"ד, ה"א, יו"ד, מ"ם. ונקרא אלהי"ם דאלפי"ן, והוא מורה על נטילה להנהגה הממוצעת. או כזה: אל"ף, למ"ד, ה"ה, יו"ד, מ"ם, במילוי ה"ה. ונקרא אלהי"ם דההי"ן, והוא מורה על דין הגמור, לפי שה"ה מורה על דין וכנ"ל.

80. The name of Elokim also has three extensions

representing kindness, mercy, and judgment. The first is filled with Yods as follows; ALEPH--LAMED--HY--YOD--MEM (אל"ף למ"ד ה"י יו"ד מ"ם) and represents an inclination toward kindness in Elokim. The second is filled with Alephs as follows; ALEPH--LAMED--HA--YOD--MEM (אל"ף למ"ד ה"ה יו"ד מ"ם) and represents an inclination toward mercy in Elokim. The third is filled with Heys as follows. ALEPH--LAMED--HH--YOD--MEM (אל"ף למ"ד ה"ה יו"ד מ"ם) and represents the total judgment of Elokim.

[פא] ולפעמים יש בשמות שגם אותיות המילוי מתמלאים באותיותיהם כמו שנקרא, דרך משל, שם הוי"ה למלאותו כזה: יו"ד וי"ו דל"ת, ה"י יו"ד, וי"ו יו"ד וי"ו, ה"י יו"ד. וכן בשאר שמות כמו שדי: שי"ן יו"ד נו"ן, דל"ת למ"ד תי"ו, יו"ד וי"ו יו"ד, וכן כל שאר שמות כנ"ל. וזה נקרא מילוי דמילוי.

81. The extended names may be further extended by spelling out each letter of the extension as follows; The Ineffable Name - Y-H-V-H Name of 72-Av - YOD--HY--VYV—HY Extension of Extension - YOD-VYV-DALET--HY-YOD--VYV-YOD-VYV—HYYOD This principle applies to all the divine names.

[פב] עוד יש בשמות אופן שנקרא ריבוע, היינו שבכל אות חוזר להתחילתו. היינו דרך משל, הוי"ה בריבוע הוא כזה: י', י"ה, יה"ו, יהו"ה. שד"י – ש', ש"ד, שד"י. וכן שארי שמות כנ"ל. זה נקרא ריבוע, והוא מורה על בחינת דין, ונקרא שם אחוריים כשהוא בריבוע כנ"ל.

82. There is another aspect of the Divine names

called Ribuah -squaring whereby after each consecutive letter the name reverts to its beginning, for example the square of YH-V-H is; Y (י) Y"H (י"ה) Y"H"V (י"ה"ו) Y"H"V"H (י"ה"ו"ה) The square of Shaddai is; SH (ש) SH"D (שד) SH"D"Y (שד"י) This principle applies to all the Divine names and indicates judgment. A squared name reflects the aspect of the "back".

]פג[וכן נדרש לפעמים המילוי בריבוע כזה: יו"ד, יו"ד ה"י, יו"ד ה"י וי"ו, יו"ד ה"י וי"ו ה"י. וכן הוא הדין בשארי שמות וכנ"ל.

83. The principle of Ribuah -squaring also applies to all the extended names, for example; the square of the name of 72-Av is; YOD- (יו"ד) YOD"HY- (יו"ד ה"י) YOD"HY"VYV- (יו"ד ה"י וי"ו) YOD"HY"VYV"HY- (יו"ד ה"י וי"ו ה"י).

]פד[ויש בשמות עניין שנקרא צירוף, היינו שאותיות השם מסודר על כמה אופנים שאפשר, שלא כסדרו תמיד, דרך משל, שם יה"ו יש לו ששה צירופים, כזה: יה"ו, יו"ה, הו"י, הי"ו, וי"ה, וה"י. והם כנגד הששה ספירות חג"ת נה"י. ומה שמוקדם בצירוף השם, מורה שהוא העיקר. ולכן נגד חסד ונצח, הם שני צירופי יה"ו יו"ה, שהיו"ד מורה על החסד. נגד גבורה והוד, שני צירופים שהתחילתם בה', שמורה על דין, והם הי"ו הו"י. נגד תפארת ויסוד, השני צירופים שהתחילתם אות ו', שמורה על הנהגה הממוצעת, והם וי"ה וה"י)ועיין ביאור הגר"א ז"ל על ספר יצירה פרק א' משנה י"ג. ובפרי עץ חיים שער הלולב פ"ג בעניין ניענוע הלולב, קצת באופן אחר, עיין שם, ועיין לקמן פ"ד סעיף ט'(.

84. The letters of the divine names may also be arranged in all their possible combinations. This is

The Beginning of Kabbalah Wisdom 3 כללי תחילת חכמת הקבלה

called Tziruf -Combinations (צירוף). To illustrate, the name YOD--HEY--VAV (י'ה'ו) has six possible combinations corresponding to the six Sefirot, as follows; Chesed corresponds to Y"V"H (י'ו'ה) Gevurah to H"V"Y (ה'ו'י) Tiferet to V"Y"H (ו'י'ה) Netzach to Y"H"V (י'ה'ו) Hod to H"Y"V (ה'י'ו) and Yesod to V"H"Y (ו'ה'י) This order follows the principle that more essential quality takes precedence in the order of the letters. Chesed and Netzach, which are in the right column, begin with Yod, representing kindness. Gevurah and Hod, which are in the left column, begin with Hey, representing judgment. Tiferet and Yesod, which are in the middle column, begin with Vav, representing mercy. Since Chesed is a higher level of kindness than Netzach, the Vav representing mercy, precedes the Hey, which represents judgment. Netzach, being a lower level is the reverse. Since Gevurah is more severe in judgment than Hod, the Vav, representing mercy, precedes the Yod which represents Kindness. Hod, being less severe is the reverse. Since Tiferet inclines toward kindness, the Yod precedes the Hey. The reverse is true of Yesod.

חסד	יה"ו	דרום
גבורה	הי"ו	צפון
תפארת	וי"ה	מזרח
נצח	יו"ה	מעלה
הוד	הו"י	מטה
יסוד	וה"י	מערב

עיין שער הכוונות
דרושי חג הסוכות
דרוש ה'

[פה] שם בן ארבע אותיות, הוי"ה, נוכל לצרפו ארבעה פעמים

ששה, שהם כ"ד אופנים. רק ששם הוי"ה יש בו שני אותיות שוות, נוכל לצרפו רק י"ב אופנים. ושם שהוא חמש אותיות, כמו שם אלהי"ם, נוכל לצרפו על חמשה פעמים כ"ד, שהם ק"כ אופנים. ונקראו ק"כ צירופי אלהי"ם,)ומסודרים בעץ חיים החדשים שער השמות פ"ה(.

85. A name consisting of four letters would normally have twenty-four possible combinations (צירופים), but since Y-H-V-H has two like letters, only twelve combinations are possible. Elokim, which has five letters, has one hundred twenty possible combinations. These are called "The one hundred twenty combinations of Elokim" (ק"כ צירופים דאלהים).

[פו] וזה הכלל: כשהצירוף הוא כסדר של אותיות השם וביושר, הוא מורה יותר על רחמים. וכל מה שהוא יותר למפרע, מורה יותר על דין. וכן הוא בכל השמות.

86. The general principle of combinations (צירוף) is that the closer the resemblance of the letters to the true configuration of the name, the more they indicate mercy, the more reversed they are, the more judgment.

[פז] ויש בשמות עניין שנקרא שילוב, היינו ששני שמות משולבים ביחד, היינו אות אחד משם אחד, ואות אחד משם אחר, ואחר כך אות שני של שם הראשון, ואחריו אות שני משם השני, וכן כולם עד ששני השמות נשלבים יחד אות אחר אות. וזה מורה על שיתוף שני הנהגות יחד שהשמות מורות עליהם. בדרך משל, הוי"ה הוא רחמים, ואדנ"י הוא שם מלכות, והוא דין. ושיתוף הרחמים עם הדין הוא כזה: **יאהדונה"י**. וכן הוא ביתר השמות כנ"ל. גם זה תדע, שתמיד אות הראשון מהשילוב הוא מהשם

העיקר באותו הבחינה. ועל כן, לפעמים יהיה השילוב יו"ד קודם, ששם עיקר השם הוי"ה כנ"ל. ולפעמים יהיה **אידהנוי"ה**. וכשיהיה השילוב כן, מורה שהשם אדנ"י העיקר, וכן בכל שילוב השמות וכנ"ל)ועיין משנת חסידים מסכת שמות פ"א. ופרי עץ חיים שער הברכות פרק שביעי עיין שם(.

87. The divine names may also be interwoven this is called Shiluv -weaving (שילוב) in which the letters of one name are coupled with those of another, in alternating order. For example, the names of Y-H-V-H and Adonai (A-D-N-Y) may be interwoven as follows;

A. Y'H'V'H A'D'N'Y = Y'A'H'D'V'N'H'Y (י'ה'ו'ה א'ד'נ'י = י'א'ה'ד'ו'נ'ה'י)

B. A'D'N'Y Y'H'V'H = A'Y'D'H'N'V'Y'H (א'ד'נ'י י'ה'ו'ה = א'י'ד'ה'נ'ו'י'ה)

The interweaving of two names indicates that two modes of Divine conduct are acting as one. The first letter of the weaving- Shiluv indicates which conduct is the more essential, to illustrate, in example:

A. Y'H'V'H which represents mercy is the more essential whereas in example

B. A'D'N'Y which represents Malchut and judgment is the more essential.

[פח] ונדרש בשמות עניין גימטריא וגם בנקודות נדרש גימטריא באופן זה: שנקודה אחת, כגון חיריק – כמו יו"ד – שהוא עשרה, ונקודת צירי, שיש בה שני נקודות, נחשב לעשרים, וסגול או שורוק, שיש בהם ג' נקודות, נחשב כל אחד לשלושים. וקו, נחשב כמו וא"ו, ששה – ועל כן, הפתח נחשב לששה, והקמץ, שהוא מורכב מן קו ונקודה, נחשב לי"ו, שהוא ששה עשר, וכן על דרך זה כל הנקודות וכנ"ל.

וזה סדרם:

יָהָוָהָ	אָ	**16**	קמץ
יַהַוַהַ	אַ	**6**	פתח
יֵהֵוֵהֵ	אֵ	**20**	צרי
יֵהֵוָהֵ		**-**	מוצא
יֶהֶוֶהֶ	אֶ	**30**	סגול
יְהְוְהְ	אְ	**20**	שוא
יֹהֹוֹהֹ	אֹ	**10**	חולם
יִהִוִהִ	אִ	**10**	חיריק
יֻהֻוֻהֻ	אֻ	**30**	קובוץ
יוּהוּווּהוּ	אוּ	**10**	שורוק
-	א	-	-

88. Just as the letters have numerical values, so do the vowels. The vowels are composed of lines and points. A point, which resembles the letter Yod, has the numerical value of ten. A line, which resembles the letter Vav, has the numerical value of six. The numerical values of the vowels are therefore;

Kamatz (אָ) 16 – Keter
Patach (אַ) 6 – Chochmah
Tzeirei (אֵ) 20 – Binah
Segol (אֶ) 30 – Chesed
Shvah (אְ) 20 – Gevurah
Cholem (אֹ) 10 – Tiferet
Cheerik (אִ) 10 – Netzach
Koobootz (אֻ) 30 – Hod
Shoorook (אוּ)10 – Yesod
No Vowel – Malchut

[פט] ויש שם ע"ב שהוא שם של ע"ב תיבות היוצא משלשה פסוקים ויסע, ויבא, ויט, שבפרשת בשלח. אותיות הראשונות של התיבות של השמות המה פסוק ויסע כסדר, ואותיות השניות של הע"ב תיבות הם פסוק ויבא למפרע, ואותיות השלישיות של תיבות השם ע"ב הנ"ל הם אותיות של פסוק ויט כסדר.)ושם זה

נדפס בזוהר סוף ספר שמות, ומובא בפירוש רש"י סוכה מ"ה ע"א במתניתא שם. והוא מבואר בפרדס שער פרטי השמות פ"ה) ומורה גם כן על חסד. ועיין בשערי ציון של מורינו הרב נתן נטע אשכנזי ז"ל, שם של ע"ב זה גם כן על כמה אופנים. אבל שם של ע"ב המוזכר בדברי האר"י ז"ל, הוא הכוונה על שם הוי"ה שהוא במילוי האותיות ביודי"ן כנ"ל.

89. There is a Divine name of seventy-two which is comprised of seventy-two three letter units. These are derived from the intertwining of the letters in three Biblical verses (Exodus 14:19 - 21) each of which contains seventy-two letters. The first letter of each of the seventy-two units are the letters of the first verse in their natural order. The middle letters of each of the units are the letters of the second verse, backwards, and the last letters, are the letters of the third verse, again in natural order. This name generally indicates the aspect of kindness. In Lurianic Kaballah "The name of seventy-two" usually refers to the extension of Y'H'V'H that has the numerical value of 72-Av (ע"ב) rather than this name.

[צ] והנה שינויי השמות, הם הכל על דרך הנ"ל לפי פעולותיו, שכשהוא מתנהג בפעולה זאת, נקרא בשם זה, וכמו שכתבנו למעלה (בהתחילת הפרק עיין שם). ולכן נמצא לפעמים שיאמרו שנסתלק אלהי"ם ובא הוי"ה וכדומה. והוא פשוט שהוא על דרך הנ"ל. היינו, שעל ידי זכות התחתונים או לטעם אחר, סילק השם יתברך את פעולת הדין, והתחיל להתנהג במידת הרחמים. אם כן, נשתנה השם גם כן. אם כן, נאמר על זה שנסתלק מלהיקרא בשם זה, ורק נקרא עכשיו שם אחר לפי פעולותיו וכנ"ל.

90. The Divine names reflect G-d's actions toward

the world. When in Scripture, one name is used and another is then introduced in its stead or added to it, this indicates a change of Divine influence toward the world. This comes about either through G-d's initiative or as a response to Mans deeds. When, for instance, the name Elokim is used and is then exchanged for Y'H'V'H, it indicates that the Divine influence changed from Judgment to Mercy.

[צא] אבל ידוע שהשם יתברך, בו אין שום שינוי ח"ו, ורק השינויים הוא מסיבת המקבלים, שכבר קבע השם יתברך הנהגתו שיתנהג לפי מעשי התחתונים, וכשיהיו זכאין יתנהג בהם באופן זה, ואם לא באופן אחר. נמצא שהשינוי רק בשביל שינויי מעשיהם, ובשבילם נעשה השינוי בפעולותיו יתברך עליהם. (ועיין כל זה אדרא רבא דף קמ"א כלל דכל מילין וכו'. כולא חד כולא הוי כולא יהוי כו' לא נשתנה ולא משתנה ולא ישתנה וכו' ורק מסטרא דילן כו' עיין שם שהוא על דרך הנ"ל).

91. G-d influences the world in accordance with its needs and as a response to Mans actions. When Man acts meritoriously, G-d responds with kindness and revelation, and if, G-d forbid, Man acts otherwise, G-d responds in kind. These different influences result from the needs of the recipients, and in no way indicate a change in the Giver, who is unchanging.

[צב] ולפי ששמותיו לפי פעולותיו, ובאמת רבו דרכיו ופעולותיו, לכן רבו השמות – עד שאמרו: כל התורה כולה שמותיו של הקדוש ברוך הוא (ועיין ספר קל"ח פתחי חכמה סימן י"ג, עיין שם.)

92. G-d influences the world in a multitude of ways, each of which has its own specific name. Every word in the Torah is a Divine name, the entire Torah being one great name of G-d.

[**צג**] וזהו עניין הכוונות בשמות, שכשמתפללין על איזה פעולה או משבחים עליה, מכוונים או מזכירים אותו בשם שנקרא לפי הפעולה ההיא שמתפללים או משבחים עליה. ובאופן זה התפלה והשבח יותר מקובל, על דרך הכתוב: **אשגבהו כי ידע שמי**. והכל לפי זכות האדם המקבל ולפי הבנתו הברורה באמיתת הדברים. (ועיין בספר קנאת ה' צבאות חלק א' ד"ה ותדע שא"א, עיין שם).

93. Because each name represents a specific Divine action or aspect, it is important to have the proper intentions and concentration when uttering them during prayer. Ones prayers thus become more proper and acceptable before Almighty G-d, as stated in Scripture, "I will uplift him, for he knows my name". All this, of course, is in accordance with the righteousness of the individual and the degree of his understanding of these matters.

[**צד**] ולפי שהשמות והאותיות הם לפי פעולותיו, לכן, כשמדברים על איזה הנהגה שיהיו לעתיד בנצחיות, ואין בהנהגה ההיא מאומה עכשיו כלל, נאמר שלא נתגלה בזה שום אות. וכשיבוא להנהגה שיש ממנה מקצת עכשיו, אפילו הוא בהסתר גדול ורק לפרקים, נאמר שמתגלה בזה אות או שם, וזהו שכתב בספר קל"ח פתחי חכמה סימן י"ח בזה הלשון: כל האורות העליונים (נקראו אורות בדרך משל, מטעם שיתבאר) עד שיגיעו להיעשות מהם פעולה במעשה, צריך שיבואו לסוד אותיות, עד כאן לשון. והוא על דרך הנ"ל, עיין שם.

94. If a Divine conduct is destined to be revealed only in the world to come, the letters of its name are regarded as being hidden. However, if a conduct is presently revealed to a degree, the letters of its name are considered to be partially revealed.

צה] וכל ספירה נדרש עליה כינויים רבים מה שהספירה ההיא נקראת בה, והם גם כן על דרך הנ"ל, לפי ריבוי ההנהגות והפעולות שכוללות כל אחד כנ"ל. והכינויים שמוזכר בספרי הראשונים מבוארים בספר שערי אורה בעשרת פרקי הספר, כל פרק לכינוי ספירה אחת. וכן מבוארים בספר פרדס רימונים שער ערכי הכינויים, ובסוף ספרו אור הנערב בקצרה עיין שם.

95. Each Sefirah has many titles by which it is called corresponding to the various facets of its conduct.

צו] כ"ב אותיות הא"ב נחלק בספר יצירה לשלשה חלקים: חלק א: אותיות אמ"ש – נקראו שלוש אמות אמ"ש, לשון אם, וכמו שפרשנו לעיל (פרק ב' סעיף י"ג). והם כנגד שלושה ראשונות,

א' – אויר, נגד כתר ודעת.
מ' – מים, נגד חכמה.
ש' – אש, נגד בינה.

96. Sefer Yetzirah categorizes the letters of the Hebrew alphabet into three categories. The first category is comprised of the letters Aleph (א) Mem (מ) and Shin (ש). These are called "The three Mothers" and correspond to the first three Sefirot as follows; Aleph (א) corresponds to air, and Keter (or Daat), Mem (מ) corresponds to water, and Chochmah, Shin (ש) corresponds to fire, and Binah. They also represent the horizontal "pipes" connecting the Sefirot.

[צז] שבעה אותיות כפולות, והם ב', ג', ד', כ', פ', ר', ת', ונקראו כפולות – שנקראות דגש, ורפה, חזק, וקל. שגם ג' וד' נרשם בהם דגש חזק וגם דגש קל, רק שנשכח מאתנו קריאתם, כמו שכתבו ספרי דקדוק. ור' שאינו מקבל כלל דגש, מכל מקום נקרא בחוזק וברפיון. ושבעה אותיות כפולות הנ"ל, המה כנגד שבעה תחתונות חג"ת נה"י ומלכות. ולכן בהם דגש ורפה, לפי שיש בהם חסד ורחמים וכמו שכתבנו למעלה.

חסד גבורה

בּ ב גּ ג

תפארת

דּ ד

נצח הוד

כּ כ פּ פ

יסוד

רּ ר

מלכות

תּ ת

ויתר אותיות נקראו י"ב פשוטות, ויתבאר בס"ד לקמן על מה הם מרמזין (ועיין לקמן פרק ט' סעיף י"א). ונתבאר כל הנ"ל בספר יצירה, וביאור הגר"א ז"ל, ועיין ביאורו על היכלות דפקודי ריש היכל ו' ד"ה תא חזי רוחא וכו', עיין שם. והנה הכ"ב אותיות של א"ב, אם נרצה לכתוב רק שני אותיות מהם, נוכל לכותבם על רל"א אופנים. והם באופן זה: א"ב או ב"א, א"ג או ג"א, א"ד או ד"א כו', וכן כל אות, רוצה לומר, מאות ה' עד סוף הא"ב, כהמשך הרצף הנ"ל, נוכל לכותבו על כ"א אופנים. ואחר כך אות ב', עוד על כ' אופנים - ב"ג או ג"ב, ב"ד או ד"ב, וכן כל אותיות א"ב, הם רל"א אופנים. ונקראים רל"א שערים, לפי שהם ההתחלה לכל הצירופים. ובכל אופן אחד מהנ"ל, יש אופן אחד כסדר אותיות א"ב, ונקראו רל"א שערים פנים כזה: אב, אג, אד, וכו'. ואופן שני יש בכל אחד למפרע של סדר הא"ב כזה: בא, גא, דא, הא, וכו', ונקראו רל"א שערים אחור. והפנים הנ"ל הם בחינת יותר חסד, והאחור הנ"ל הם יותר בחינת דין, שכל מה שהוא למפרע הוא דין. כל זה מבואר בפירוש הגר"א ז"ל לספר יצירה

פרק ב' משנה ד'. ובתלמידי האר"י ז"ל נמצא גם כן באופן הנ"ל, רק בכל שער מוסיף יתר אותיות הא"ב כסדר, ובכל שער יש כל הכ"ב אותיות של הא"ב על דרך הנ"ל. ולפי שכבר כתבנו שכל אות מורה על פעולה, הרי בכלל הם כ"ב מיני פעולות, ויתר הפעולות הם צירופי והתמזגות פעולה עם פעולה, שכנגדם הם צירופי אותיות. לכן כללי הפעולות הם רל"א שערים הנ"ל. ולכן נמצא בספרי תלמידי האר"י ז"ל שבתחילת כללות ההנהגה יצאו הרל"א שערים פנים ואחור הנ"ל,)ועיין בספר ויקהל משה, עיין שם(.

97. The second category is comprised of the seven letters; They represent the vertical "pipes". Beit (ב) Gimmel (ג) Dalet (ד) Chaf (כ) Peh (פ) Raish (ר) Tav (ת) These are called the double letters since they can be read hard or soft as indicated by the presence or absence of a Dagesh (בּגּדּ כּפּרּתּ). Though Raish is not written with a Dagesh, it is nonetheless pronounced hard or soft, and although Gimmel and Dalet may possess a Dagesh, their proper pronunciation has been lost. These seven double letters represent the seven lower Sefirot, Chesed, Gevurah, Tiferet, Netzach, Hod, Yesod, and Malchut, and are therefore pronounced hard and soft corresponding to Chesed (Kindness) and Rachamim (Mercy). The third category consists of the twelve remaining letters, which represent the diagonal "pipes". Hey (ה) Vav (ו) Zayin (ז) Chet (ח) Tet (ט) Yod (י) Lamed (ל) Nun (נ) Samech (ס) Ayin (ע) Tzaddik (צ) Kof (ק) The twenty-two letters represent twenty-two primary creative forces which are expressions of the ten Sefirot. All subsequent conducts and forces arise through combinations of these. There are two hundred, thirty-one possible two letter

The Beginning of Kabbalah Wisdom 3 כללי תחילת חכמת הקבלה

combinations. These are called "The two hundred, thirty-one Gates". Two hundred, thirty-one units are in forward order, indicating kindness, and two hundred, thirty-one units are in reverse order, indicating judgment.

הפנים דהכתר:

י	אב	גד	הו	זח	טי	כל	מנ	סע	פצ	קר	שת
ו	אג	דה	וז	חט	יכ	למ	נס	עפ	צק	רש	תב
ד	אד	הו	זח	טי	כל	מנ	סע	פצ	קר	שת	בג
ה	אה	וז	חט	יכ	למ	נס	עפ	צק	רש	תב	גד
י	או	זח	טי	כל	מנ	סע	פצ	קר	שת	בג	דה
ו	אז	חט	יכ	למ	נס	עפ	צק	רש	תב	גד	הו
י	אח	טי	כל	מנ	סע	פצ	קר	שת	בג	דה	וז
ו	אט	יכ	למ	נס	עפ	צק	רש	תב	גד	הו	זח
ה	אי	כל	מנ	סע	פצ	קר	שת	בג	דה	וז	חט
י	אכ	למ	נס	עפ	צק	רש	תב	גד	הו	זח	טי
יה	אל	מנ	סע	פצ	קר	שת	בג	דה	וז	חט	יכ
י	אמ	נס	עפ	צק	רש	תב	גד	הו	זח	טי	כל
ו	אנ	סע	פצ	קר	שת	בג	דה	וז	חט	יכ	למ
ד	אס	עפ	צק	רש	תב	גד	הו	זח	טי	כל	מנ
ה	אע	פצ	קר	שת	בג	דה	וז	חט	יכ	למ	נס
י	אפ	צק	רש	תב	גד	הו	זח	טי	כל	מנ	סע
ו	אצ	קר	שת	בג	דה	וז	חט	יכ	למ	נס	עפ
א	אק	רש	תב	גד	הו	זח	טי	כל	מנ	סע	פצ
ו	אר	שת	בג	דה	וז	חט	יכ	למ	נס	עפ	צק
ה	אש	תב	גד	הו	זח	טי	כל	מנ	סע	פצ	קר
י	את	בג	דה	וז	חט	יכ	למ	נס	עפ	צק	רש

האחור דהכתר:

י	למ	נס	עפ	צק	רש	תא	בג	דה	וז	חט	יכ
ו	לנ	סע	פצ	קר	שת	אב	גד	הו	זח	טי	כמ
ד	לס	עפ	צק	רש	תא	בג	דה	וז	חט	יכ	מנ
ה	לע	פצ	קר	שת	אב	גד	הו	זח	טי	כמ	נס
א	לפ	צק	רש	תא	בג	דה	וז	חט	יכ	מנ	סע
ו	לצ	קר	שת	אב	גד	הו	זח	טי	כמ	נס	עפ
א	לק	רש	תא	בג	דה	וז	חט	יכ	מנ	סע	פצ
ו	לר	שת	אב	גד	הו	זח	טי	כמ	נס	עפ	צק
ה	לש	תא	בג	דה	וז	חט	יכ	מנ	סע	פצ	קר
א	לת	אב	גד	הו	זח	טי	כמ	נס	עפ	צק	רש
וה	לא	בג	דה	וז	חט	יכ	מנ	סע	פצ	קר	שת
י	לב	גד	הו	זח	טי	כמ	נס	עפ	צק	רש	תא
ו	לג	דה	וז	חט	יכ	מנ	סע	פצ	קר	שת	אב
ד	לד	הו	זח	טי	כמ	נס	עפ	צק	רש	תא	בג
ה	לה	וז	חט	יכ	מנ	סע	פצ	קר	שת	אב	גד
ה	לו	זח	טי	כמ	נס	עפ	צק	רש	תא	בג	דה
ו	לז	חט	יכ	מנ	סע	פצ	קר	שת	אב	גד	הו
ו	לח	טי	כמ	נס	עפ	צק	רש	תא	בג	דה	וז
ה	לט	יכ	מנ	סע	פצ	קר	שת	אב	גד	הו	זח
ה	לי	כמ	נס	עפ	צק	רש	תא	בג	דה	וז	חט
	לכ	מנ	סע	פצ	קר	שת	אב	גד	הו	זח	טי

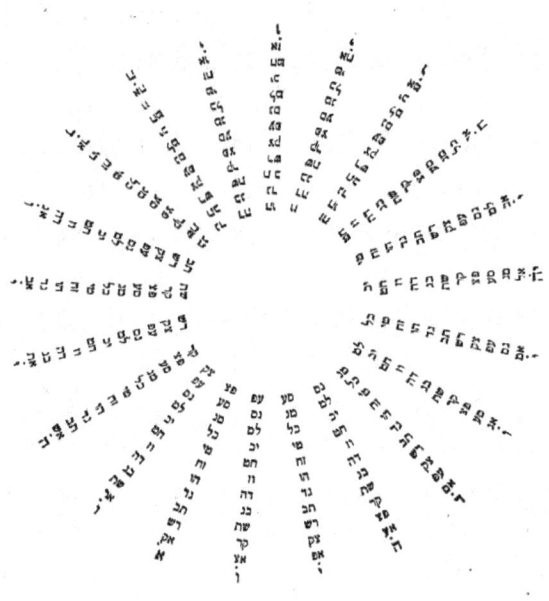

פרק ד'
Chapter 4

פרק ד
בו יבואר הדברים שהם כנגד הספירות, וסידור הדברים זה כנגד זה, ובו ט' סעיפים.

Which explains matters corresponding to the Sefirot and their interrelationships.

[**צח**] הנשמה שבאדם בכללה, היא נחלקת לחמשה חלקים, ונקראו ממטה למעלה: נפש, רוח, נשמה, חיה, יחידה. וכל בחינה שבה נחלקת עוד לחמשה חלקים הנ"ל, היינו: נפש נחלקת לנפש, רוח, נשמה, חיה, יחידה. וכן הרוח, וכן הנשמה וכו'. ונקראו החלקים נפש שבנפש, רוח שבנפש, נשמה שבנפש. וכן החלקים שברוח נקראים נפש שברוח, רוח שברוח, נשמה שברוח, וכו', וכן בנשמה כנ"ל, וכן בחינת יחידה כנ"ל. וחמשה חלקי הנשמה בכלל נגד חמשה הנהגות הכוללות שבספירות: נפש כנגד מלכות, רוח נגד הששה ספירות חג"ת נה"י, נשמה נגד בינה, חיה נגד חכמה, יחידה נגד כתר, ויתבאר אם ירצה השם לקמן (פרק ט' סעיף כ"ז, כ"ח, כ"ט, ל').

חלקי נשמה	ספירות	עולמות	פרצופים	נרנח"י דנרנח"י
יחידה	כתר	א"ק	אריך אנפין	נרנח"י דיחידה
חיה	חכמה	אצילות	אבא	נרנח"י דחיה
נשמה	בינה	בריאה	אימא	נרנח"י דנשמה
רוח	חג"ת נה"י	יצירה	זעיר אנפין	נרנח"י דרוח
נפש	מלכות	עשיה	נוקבא	נרנח"י דנפש

98. There are five general levels of the soul; Nefesh, Ruach, Neshamah, Chaya, and Yechidah. Each of these subdivided into five subsequent levels as follows; Nefesh of Nefesh, Ruch of Nefesh,

Neshama of Nefesh, Chaya of Nefesh, and Yechida of Nefesh. This principle applies to all five general levels. These five levels correspond to the Sefirot as Follows: Nefesh corresponds to Malchut, Ruach to the six Sefirot of Zeir Anpin, Neshama to Binah, Chaya to Chochmah, and Yechidah to Keter.

[צט] ולפעמים נקראו בחינות הספירות הנ"ל, והנהגות הנ"ל, גם כן בשמות הללו: נפש, רוח, נשמה, וכו' בשמות הדברים שמרמזים עליהם, ולפעמים מחלקים עניני הנהגה ונקראם בשמות אלו וכנ"ל.

99. Sometimes the Sefirot are allegorically called by the names of these corresponding levels of the soul.

[ק] והנה שלש ספירות ראשונות, עיקר הנהגתם בגלוי יהיה לעולם הבא. ועולם הזה, עיקר הנהגתו מתנהג על פי שבעה התחתונות, שהם חג"ת נהי"מ. לכן יש הרבה דברים שהם שבעה נגד שבעה הנ"ל, ומבוארים בספר יצירה פרק ד', עיין שם, וביאור הגר"א ז"ל, עיין שם. ושבעה דברים באים מהנהגת השבעה הנ"ל, והם: חכמה מחסד, עושר מגבורה, זרע מתפארת, חיים מנצח, ממשלה מהוד, שלום מיסוד, וחן ממלכות.

חכמה – חסד   עושר – גבורה

זרע – תפארת

חיים – נצח   ממשלה – הוד

שלום – יסוד

חן – מלכות

100. There are many units of seven which correspond to the seven lower Sefirot through which the world is conducted. (The three upper Sefirot being presently concealed): Chesed corresponds to Wisdom Gevurah to Wealth, Tiferet to Offspring, Netzach to Life, Hod to Dominion, Yesod to Peace, and Malchut to Grace.

[קא] וכנגדם ששה קצוות העולם: דרום, צפון, מזרח, מערב, מעלה, מטה, והאמצע. וכנגדם שבעה כוכבי לכת: שבתאי, צדק, מאדים, חמה, נוגה, כוכב, לבנה, ואף על גב שיש עוד כוכבי לכת, אבל המה העיקרים בענייני המזלות כידוע. וכנגדם שבעה דברים בראשו של אדם: שתי עיינים, שתי אזנים, שני נקבי האף, ופה, ונקראו שבעה שערים לפי שהם מקומות פתוחים בראש. וכנגדם שבעה רקיעים, שבעה ימים בשבוע, שבעה מדברות שהלכו ישראל בהם, שבעה שבועות של ספירת העומר, שבעה שנים של שמיטה, שבע שמיטות ביובל, ועוד הרבה, כמבואר כל זה בספר יצירה פרק ד'.

101. There are seven directions: South corresponds to Chesed, North to Gevurah, East to Tiferet, Up to Netzach, Down to Hod, West to Yesod, and Center to Malchut. There are seven heavenly bodies: The moon corresponds to Chesed Mars to Gevurah The Sun to Tiferet Venus to Netzach Mercury to Hod Saturn to Yesod and Jupiter to Malchut. There are seven orifices in the head: The right eye corresponds to Chesed, The right ear to Gevurah, The right nostril to Tiferet, The left eye to Netzach, The left ear to Hod, The left nostril to Yesod, and the mouth to Malchut. There are seven heavens: Aravot (ערבות) corresponds to the three upper Sefirot, Keter, Chochmah, and

Binah. Ma'on (עון) to Chesed, Mechon (מכון) to Gevurah, Zevul (זבול) to Tiferet, Shechakim (שחקים) to Netzach and Hod, Rakiah (רקיע) to Yesod, and Veelon (וילון) to Malchut.

<u>There are seven days in the week:</u>
Sunday corresponds to Chesed,
Monday to Gevurah,
Tuesday to Tiferet,
Wednesday to Netzach,
Thursday to Hod,
Friday to Yesod, and Shabbos to Malchut.

There are seven wildernesses within which:
the children of Israel sojourned: The wilderness of Eitam (מדבר איתם) corresponds to Chesed, The wilderness of Shor (מדבר שור) to Gevurah, The wilderness of Sin (מדבר סין) to Tiferet, The wilderness of Paran (מדבר פארן) to Netzach, The wilderness of Tzin (מדבר צין) to Hod, The wilderness of Kadmut (מדבר קדמות) to Yesod, The wilderness of Sinai (מדבר סיני) to Malchut. There are seven weeks of the Omer, seven years of the Shemitah, and seven Shemitot of the Yovel.

[**קב**] וכנגדם יש שבע מיני מתכות בעולם: כסף נגד חסד, זהב נגד גבורה, נחושת נגד תפארת, בדיל נגד נצח, עופרת נגד הוד, כסף חי נגד יסוד, ברזל נגד מלכות (עיין דעת חכמה). וכן בכל הברואים – החי, והדומם, והצומח, מהם מול בחינה זו, ומהם מול בחינה זו. ועל פי זה יש הרבה טעמי מצות על פי סתרי ההנהגה ועל פי הנ"ל. והנה גם הזמן נחלק כפי חלקי ההנהגה שבספירות, וכמו שנתבאר, שבעה ימים בשבוע וכו', וכן שבעת אלפי שנה וכמו שיתבאר עוד בס"ד.

כסף חסד   זהב גבורה

נחושת תפארת

בדיל נצח   עופרת הוד

כסף חי יסוד

ברזל מלכות

102. Accordingly there are seven metals which correspond to these Sefirot: Silver corresponds to Chesed, Gold to Gevurah, Bronze to Tiferet, Tin to Netzach, Lead to Hod, Mercury to Yesod, and Iron to Malchut. Everything that exists, has a correlation to one or more of the Sefirot. This includes animal, vegetable and mineral, as well as the sequence of time. Each millennium in history corresponds to a specific Sefirah. Since the mitzvot also correspond to the Divine conducts, each one affects its respective Sefirah.

[קג] הנה מבואר ששלשה דברים שנחלקו בכלל לפי הנהגות והספירות היינו: מקום שהוא העולמות, והזמן שנקרא שנה, וחלקי האדם שנקרא נפש, וכמו שנתבאר למעלה בארוכה, הן אלה שלשת הדברים שאמר עליהם בספר יצירה: עולם, שנה, נפש, ומבוארים שם באורך בכל הספר. עולם הם העולמות, שנה הוא הזמן, נפש הוא האדם.

103. Through the contemplation of three matters; the order of the worlds, the concept of time, and the nature of Man, one may arrive at an understanding of the Divine conducts. In Sefer Yetzirah these are called "World", "Year", and "Soul", (עש"ן or עולם שנה נפש).

The Following paragraphs cannot be translated into English due to the deep meaning of them. They can only be learned in Hebrew.

[קד] ולתועלת המתחילים בחכמה להקל לזוכרם, נסדר כאן מן הדברים שכתבנו איך הם זה כנגד זה. ונסדר מתחלה דברים שנחשבו נגד כל העשר ספירות בפרט, ואחר כך מה שנחשב מול הששה ספירות חג"ת נה"י, לאחת, לפי שהם בכלל הנהגה אחת – הנהגת המשפט, וכמו שכתבנו למעלה:

כתר - בהנהגה רחמים גמורים מאד אף בלא זכות לפעמים, ובשמות אהי"ה, ובהוי"ה נקוד קמץ, וכנגדם באדם גלגלתא ואויר, ובא"ב **א'**, וכנגדם במשכן כרובים.

חכמה - והם בהנהגה רחמים גדולים לפעמים גם כן בלא זכות אך לא כמו כתר, ובשמות י"ה, ובהוי"ה נקוד פתח, וכנגדם באדם מוח ימין, ובא"ב **מ**, וכנגדם במשכן כפורת.

בינה - והם בהנהגה רחמים גם כן בלא זכות כנ"ל, וממנה דינים מתעוררין, ובשמות יהו"ה בניקוד אלהי"ם, ובהוויו"ה נקוד צירי, וכנגדם באדם מוח שמאל, ובא"ב **ש**, וכנגדם במשכן ארון.

דעת - הנהגה ממוצעת בין חכמה לבינה, ובשמות אהו"ה, ובהוי"ה בניקוד מוצא.

חסד - הנהגה חסד גמור למי שזוכה, ובשמות א"ל, ובהוי"ה נקוד סגול, וכנגדם באדם זרוע ויד ימין, ובא"ב **ב**, וכנגדם במשכן מנורה.

גבורה - והם בהנהגה דין גמור למי שחייב, ובשמות אלהי"ם, ובהוי"ה נקוד שוא, וכנגדם באדם זרוע ויד שמאל, ובא"ב **ג**, וכנגדם במשכן שלחן.

תפארת - והם בהנהגה רחמים הנהגה ממוצעת, ובשמות יהו"ה, ובהוי"ה נקוד חולם, וכנגדם באדם גוף, ובא"ב **ד**, וכנגדם במשכן מזבח הזהב.

נצח - והם בהנהגה חסד ממוזג, ומה שמתדמה לא טוב רק לתכלית טוב, ובשמות יהו"ה צבאו"ת, ובהוי"ה נקוד חיריק, וכנגדם באדם ירך ורגל ימין, ובא"ב **כ**, וכנגדם במשכן כיור.

הוד - והם בהנהגה דין ממוז,ג ומה שמתדמה טוב אבל לתכלית לא טוב, ובשמות אלהי"ם צבאו"ת, ובהוי"ה נקוד קובוץ, וכנגדם באדם ירך ורגל שמאל, ובא"ב **פ**, וכנגדם במשכן כנו.

יסוד - והם בהנהגה הנהגה ממוצעת בין נצח להוד, ובשמות שד"י וא"ל-חי, ובהוי"ה נקוד שורוק, וכנגדם באדם ברית, באות א"ב **ר**, וכנגדם במשכן מזבח העולה.

מלכות - והם בהנהגה השגחתו ומלכותו להגלות ולהשכין שכינתו בעולם, ובשמות אדנ"י, ובהוי"ה נקוד בלא נקוד, וכנגדם באדם עטרת הברית, באות א"ב **ת**, וכנגדם במשכן החצר והקלעים.

]קה[ואלה הדברים שנחשב כנגד הששה ספירות חג"ת נה"י שנחשבים לאחת:

כתר - בהנהגה רחמים גדולים מאד - ונקראו ארך אנפין - וכנגדם בשם הוי"ה קוצו של יו"ד, וכנגדם במילוי השם ע"ב, וכנגדם בתורה טעמים, וכנגדם בנשמות יחידה.

חכמה - והם בהנהגה רחמים גדולים, ונקראו אבא, וכנגדם בשם הוי"ה יו"ד שבשם, וכנגדם במילוי השם שם ע"ב, וכנגדם בתורה טעמים, וכנגדם בנשמות חיה.

בינה - והם בהנהגה רחמים וממנה דינין מתעוררין, ונקראו אימא, וכנגדם בשם הוי"ה ה' ראשונה, וכנגדם במילוי השם ס"ג, וכנגדם בתורה נקודות, וכנגדם בנשמות נשמה.

שש ספירות חג"ת נה"י - והם בהנהגה הנהגת המשפט בזכות, ונקראו זעיר אנפין, וכנגדם בשם הוי"ה **ו'** שבשם, וכנגדם במילוי השם שם מ"ה, וכנגדם בתורה תגין, וכנגדם בנשמות רוח.
מלכות - והם בהנהגה דין צדק, ונקראו נוקבא, וכנגדם בשם הוי"ה ה' אחרונה, וכנגדם במילוי השם שם ב"ן, וכנגדם בתורה אותיות, וכנגדם בנשמות נפש.

]**קו]** ואלה הם מה שהם כנגד השבעה תחתונות, על פי המבואר בפירוש הגר"א ז"ל לספר יצירה פרק ד':

חסד - וכנגדם ששה קצוות העולם, דרום, ומהנהגתם באה חכמה וכנגדם שבעה כוכבים לבנה, וכנגדם ימי השבוע ראשון בשבת, וכנגדם בראשו של אדם עין ימין, וכנגדם מדבריות שהלכו ישראל מדבר איתם, וכנגדם צירופי יה"ו **יו"ה**, וכנגדם במיני מתכות כסף.

גבורה - וכנגדם ששה קצוות העולם צפון, ומהנהגתם באה עושר, וכנגדם שבעה כוכבים מאדים, וכנגדם ימי השבוע שני בשבת, וכנגדם בראשו של אדם אוזן ימין, וכנגדם מדבריות שהלכו ישראל מדבר שור, וכנגדם צירופי יה"ו **הו"י**, וכנגדם במיני מתכות זהב.

תפארת - וכנגדם ששה קצוות העולם מזרח, ומהנהגתם באה זרע, וכנגדם שבעה כוכבים חמה, וכנגדם ימי השבוע שלישי בשבת, וכנגדם בראשו של אדם נחיר ימין, וכנגדם מדבריות

שהלכו ישראל מדבר סין, וכנגדם צירופי יה"ו **וי"ה**, וכנגדם במיני מתכות נחושת.

נצח - וכנגדם ששה קצוות העולם מעלה, ומהנהגתם באה חיים, וכנגדם שבעה כוכבים נוגה, וכנגדם ימי השבוע רביעי בשבת, וכנגדם בראשו של אדם עין שמאל, וכנגדם מדבריות שהלכו ישראל מדבר פארן, וכנגדם צירופי יה"ו **יה"ו**, וכנגדם במיני מתכות בדיל.

הוד - וכנגדם ששה קצוות העולם מטה, ומהנהגתם באה ממשלה, וכנגדם שבעה כוכבים כוכב, וכנגדם ימי השבוע חמישי בשבת, וכנגדם בראשו של אדם אוזן שמאל, וכנגדם מדבריות שהלכו ישראל מדבר צין, וכנגדם צירופי יה"ו **הי"ו**, וכנגדם במיני מתכות עופרת.

יסוד - וכנגדם ששה קצוות העולם מערב, ומהנהגתם באה שלום, וכנגדם שבעה כוכבים שבתאי, וכנגדם ימי השבוע שישי בשבת, וכנגדם בראשו של אדם נחיר שמאל, וכנגדם מדבריות שהלכו ישראל מדבר קדמות, וכנגדם צירופי יה"ו **וה"י**, וכנגדם במיני מתכות כסף חי

מלכות - וכנגדם ששה קצוות העולם, היכל הקדוש באמצע, ומהנהגתם באה חן, וכנגדם שבעה כוכבים צדק, וכנגדם ימי השבוע שבת, וכנגדם בראשו של אדם פה, וכנגדם מדבריות שהלכו ישראל מדבר סיני, וכנגדם צירופי יה"ו כנגד כל הצרופים **דיה"ו**, וכנגדם במיני מתכות ברזל.

וכתב על זה הגר"א ז"ל בפירוש ספר יצירה פרק ד' משנה ח' בזה הלשון: וסדר שבעה כוכבים במקום אחר אינו כן, וכן התחילתן וסיומן אינו נגד שבעה תחתונים, הכל לפי צירוף האותיות וצירוף הויו"ת כמו שכתוב בזוהר כו', ובכלל זה תתרץ לכל הסתירות שבזוהר, ודעהו, עד כאן לשון הגר"א ז"ל שם.

וצירופי השם יה"ו כתב כאן כמו שכתב הגר"א ז"ל שם בספר יצירה פרק א' משנה י"ב. ובפרי עץ חיים שער הלולב פרק ג' כתב שם בשינוי קצת, עיין שם.

פרק ה'
Chapter 5

פרק ה
בו יבואר עניין אורות וכלים השתלשלות והתלבשות ואור פנימי ומקיף ומקיף חוזר, ובו י"ב סעיפים.

Within which is explained the matter of lights and vessels, the development of the worlds, the concept of enclothing, inner light, encompassing light, and rebounding light.

[קז] והנה העניינים הנ"ל נקראו אורות בדרך משל, שבאמת לא נוכל לקרותם בשום שם, רק באשר בלא שם לא נוכל לדבר, על כן צריך לקרוא להם איזה שם. אך נתפוס לקרותם בשם של דבר היותר דק והיותר רוחני, ולכן אנו קוראים אותם בלשון הארות או אורות)ועיין בקל"ח פתחי חכמה סימן ה' חלק א' הבחנה א' עיין שם, ועיין עוד לקמן בסעיף ט' ויו"ד וי"א וי"ב, עיין שם(.

107. Although the Divine conducts are beyond grasp and definition, they are allegorically called "lights" (אורות) since there is nothing higher or more ethereal in empirical experience.

[קח] וכשאנו אומרים הארה מאור אחד, הכונה שרק חלק ממנה מתגלה בהנהגה. ויש עניין המדובר בספירות שנקרא השתלשלות, היינו שהנהגה אחת משתלשלת מחברתה. ונאמר שהעשר ספירות נשתלשלו זה מזה כסדר. החכמה נשתלשל מן הכתר, והבינה מן החכמה, והחסד מן הבינה, וגבורה מן החסד, וכו' עד מלכות. והכוונה בכל זה, שהנהגה אחת גורמת לחברתה, ויש בזה עניינים גדולים בעניין ההנהגה. בדרך משל, כשאנו אומרים שהגבורה משתלשל מהחסד, היינו שהדין והעונש אינו בתורת נקמה, ורק הוא בא גם כן מחסד באשר חפץ חסד הוא,

The Beginning of Kabbalah Wisdom 5

הנה זהו גם כן טובה שיהיה דין ועונש בעולם, למען שיראו מהוי"ה ולא יחטאו, וכמו שכתוב - והאלהי"ם[1] עשה שיראו מלפניו, והנשארים ישמעו וייראו, או לטובת הנענש, כמו שכתוב: אשרי[2] הגבר אשר תייסרנו י"ה, וכתיב: כי[3] אשר יאהב הוי"ה יוכיח, וכתיב: כי[4] כאשר ייסר איש את בנו וכו', וכדומה לזה. ובאשר גם הדין הגמור בלתי אפשר לקיום העולם, משתלשל מזה הנהגה הממוצעת. ועל דרך זה הוא יתר עניני השתלשלות, (כן כתב בקל"ח פתחי חכמה סימן י', וצ"ב, וצ"ג, ובחוקר ומקובל פרקים אחרונים פרק ד', ובקנאת ה' צבאות ד"ה ועתה עושה כו', עיין שם).

108. When reference is made to a "radiance" (הארה) of a particular light, this refers to a limited revelation of that Sefirah. 108B. The Sefirot develop one from the other in a descending order. This is called "The process of development" (השתלשלות). Keter gives rise to Chochmah, which gives rise to Binah etc., until Malchut, the one conduct necessitating the next. Through the contemplation of this process one can attain a deeper understanding of G-d's conduct toward the world. For example, though Gevurah is the conduct of judgment and punishment, we know that it arises from Chesed. It therefore is ultimately an act of kindness rather than a desire for vengeance on the part of G-d. Its true purpose is to deter Mankind from sin, as Scripture states, "G-d does it that people may fear Him" and "That those who remain will hear of it and fear." Furthermore, the individual experiencing the affliction also benefits,

---

[1] קהלת ג יד
[2] תהלים צד יב
[3] משלי ג יב
[4] דברים ח ה

as stated, "Happy is the man afflicted of G-d." Also, "For G-d rebukes those He loves". and "As a man chastises his son" etc. But since the world cannot withstand absolute judgment, the intermediate conduct of mercy (Tiferet) arises. This principle applies to all the Sefirot, which develop one from the other in a similar fashion.

[קט] ועוד יש עניין השתלשלות, כששני הנהגות והאחת הכנה לחברתה, והעיקר בהכוונה הוא ההנהגה השנייה, ורק למען יגיע להנהגה השנייה הוצרך להקדים ההנהגה המוקדמת, נקרא שההנהגה המוקדמת משתלשל מן ההנהגה המאוחרת העיקרית, כי סוף מעשה במחשבה תחלה. כמו שהנהגת העולם הזה עשיית המצות הוא הכנה להגיע אל הנהגת העתיד והעולם הבא. ועיקר כוונת רצון הבורא יתברך התכלית הוא העולם הבא, ונשתלשל מזה ההנהגה של עכשיו. אך, שלפי שרצה בהנהגת העולם הבא, הקדים לזה ההנהגה של עכשיו, וכמו שיתבאר בס"ד.)ועיין זאת במלחמת משה, דף י"ב ע"ד(.

109. However, when one conduct precedes another in the process of development and the second conduct is the essential one, the prior conduct is considered to be preparatory to and as such stemming from the latter, essential conduct, "The last deed being the first in thought". Since this world and the fulfillment of the mitzvot in it, is preparatory to G-d's ultimate intent, it is considered to be secondary to, and therefore stemming from the world to come.

[קי] ועל פי הנ"ל, נאמר שמן הנהגת הכתר, והחכמה, והבינה – שהם עיקר הנהגת עולם הבא, נשתלשל מהם הנהגת השש ספירות, שנקראו הנהגת הזעיר אנפין, הנהגת המשפט, וכנ"ל.

ולפי שחכמה ובינה הם הראשונים בהנהגה, בבחינת התגלות, וכמו שכתבנו למעלה, לכן נקרא חכמה בשם אבא, ובינה נקרא אימא. והנהגת המשפט, נקרא שנשתלשל מחכמה ובינה. וכל זה בדרך משל לשבר את האוזן, כי הנהגת העולם הזה, עיקרו על פי הנהגת המשפט, וכמו שכתוב: כי[5] כל דרכיו משפט. והנהגת השלשה ראשונות, עיקרם לעולם הבא)ועיין ביאור הגר"א ז"ל בסוף ספר ספרא דצניעותא שם, עיין שם(.

110. Because Keter, Chochmah, and Binah are the essential conducts of the world to come, the six Sefirot of the System of Justice- Zeir Anpin, which are preparatory to their ultimate fulfillment are thus considered to have arisen from them. Chochmah and Binah are the primary revealed conducts, (Keter being totally hidden) and are allegorically called Father- Abba and Mother- Imma, since they give rise to the conduct of the system of Justice, through which this world functions, as Scripture states, "For all His ways are Just."

]קיא[ועניין השתלשלות הנ"ל נקרא בספרי הראשונים עילה ועלול. שההנהגה שנשתלשלה מאחרת נקרא עלול, וההנהגה שממנה נשתלשל נקרא עילה)ועיין ספר קנאת ה' צבאות חלק א' ד"ה ועתה אודיעך עניין א' כו' עיין שם(.

111. Early writings sometimes refer to a primary conduct by the term "Cause" (עילה) and to a secondary conduct by the term "Effect" (עלול).

]קיב[עוד נדבר בספירות, עניין התלבשות. והיינו, שהנהגה אחת מסתתרת בחברתה שבאמת היא הנהגה זו, ולפי הנראה מנהגת

[5] דברים לב ד

הנהגה אחרת. על דרך משל, כמו שכתוב : תוכחת⁶ מגולה ואהבה מסותרת, וכמו האב שבאמת אוהב את בנו, ועל כן כשרואה בו דבר מגונה הוא מכה אותו ומייסר אותו שייטיב דרכו, למען ייטיב לו טובה אמיתית ונצחיות. ולפי הנראה להעומדים שם כשהוא מכהו, נראה האכזריות וכאילו כל זה מחמת השנאה. ובאמת הוא מגודל אהבתו לו, כי לאחר שאינו אוהב לא היה מייסר כלל. ואם כן, נתלבש האהבה של אב בהשנאה במה שהוא מייסר. ונאמר על זה בדרך משל שאהבת וחסד האב נתלבש עתה בהנהגת העונש והדין. שעניין הלבוש נקרא מה שהוא נראה מבחוץ, והפנימית נקרא מה שהוא מכוסה. ועל כן, כאן בפנימיות הוא חסד האב, ובחיצוניות הוא דין. וכן על דרך זה נדרש בהנהגת השם יתברך עם ישראל, שלפעמים הנהגת החסד מתלבש בדין לטובתם, וכמו שכתוב: כי⁷ כאשר ייסר איש את בנו וכו', וכן אמרו חז"ל: אשריהם⁸ לצדיקים שלא נשא להם פנים בעולם הזה כו' עיין שם. ולכן קורא הכתוב העונש הסתר, וכמו שכתוב: ואנכי⁹ הסתר אסתיר פני ביום ההוא. פירוש, שהנהגת החסד יהיה נסתר בתוך הדין וכנ"ל. ועל דרך הנ"ל הזה הם כל עניני התלבשות, היינו שההנהגה מסותרת ואינו ניכר וכנ"ל, (ועיין כל זה בקל"ח פתחי חכמה סימן יו"ד הבחנה ה', עיין שם).

112. Another aspect of the Sefirot is that of "Enclothing" (התלבשות) whereby one conduct is concealed in and acts through a second conduct, which is the external expression of the inner, motivating one. The revealed conduct is considered to be the garment of the conduct concealed within it. Scripture thus states, "Good is a revealed rebuke coming from a hidden love", for example, a father who punishes or disciplines his child does so out of

---

⁶ במשלי כז ה
⁷ דברים ח ה
⁸ גמרא יומא פז ע"א
⁹ דברים לא יח

great love of the child and for his ultimate betterment, by correcting the negative characteristics he sees in him. If he did not care for the child, he would not be moved to discipline him, but to the casual observer it might seem a cruelty. The love and kindness of the father is enclothed, so to speak, within the external expression of punishment and discipline. 112B. Sometimes in G-d's relationship to Israel, the conduct of kindness is enclothed in that of judgment, for their ultimate good, as Scripture states, "As a man chastens his son, so does the L-rd your G-d chasten you". So too, concerning the suffering of the righteous, the sages stated, "Happy are the righteous who G-d did not countenance in this world". Scripture describes punishment as concealment of G-d's countenance, as it is written, "I shall surely conceal my countenance on that day".

[קיג] ונדרש בזה לפעמים בדרך יותר פרטי, היינו שחלק מיוחד מן הנהגה אחת מתלבש בחלק מיוחד מהנהגה אחרת. וכל זה הוא מורה על עניינים נשגבים בסתרי ההנהגה (יעוין כל זה בקל"ח פתחי חכמה סימן ק', עיין שם).

113. The concept of enclothing may be further expanded, in that a specific part of one conduct may be enclothed in a specific part of another, all of which indicate sublime matters in G-d's conduct.

[קיד] ועל דרך זה הנ"ל נאמר שהנהגת הארך אנפין, שהוא הכתר, שהוא הרחמים גמורים, מתלבש ביתר הספירות. ובאופן זה: חסד דא"א בחכמה, גבורה דא"א בבינה, תפארת נצח הוד יסוד דא"א בשש ספירות שנקראו הנהגת זעיר אנפין, ועל דרך

זה כנ"ל. ויש בזה כוונה מה שנאמר שרק חלק זה דווקא נתלבש בתחתונה וכנ"ל, ועל פי הרוב נאמר שבחינה העשירית של העליון, שהוא מלכות דעליון, מתלבש בתחתון, ועל דרך הנ"ל.

114. For example, Chesed of Arich Anpin (Keter) which is great mercy, is enclothed within Abba (Chochmah), Gevurah of Arich Anpin is enclothed in Imma (Binah), and Tiferet, Netzach, Hod, and Yesod of Arich Anpin are enclothed in Zeir Anpin etc. as follows:

Arich Anpin

Chessed   Gevurah

Tiferet

Netzach   Hod

Yesod

Malchut

Enclothing Chochmah Bina Six Sefirot of Zeir Anpin Malchut Partzuf Abba Imma Zeir Anpin Nukvah the upper three Sefirot of Arich Anpin, are absolutely concealed and beyond grasp and as such cannot be enclothed in the lesser Sefirot. However, the general principles is that the lowest level of the higher aspect is enclothed in the highest level of the lower aspect, for example; the Malchut of Chesed is enclothed within the Keter of Gevurah etc. This principle applies to the Sefirot as well as the Partzufim and Worlds.

]קטו[ועל פי עניין התלבשות הנ"ל נדרש בהנהגות בחינת אור וכלי. היינו שהכלי מורה על הנהגה מוגבלת יותר, שהוא דין יותר. והאור מורה שהוא בלא גבול כל כך, והוא חסד יותר, והנהגה נגלית דומה לאור המאיר לכל. והנהגה שאינה ניכרת כל כך, שהיא מבפנים, נקרא חושך, כמו שכתוב: ישת[10] חושך סתרו, ונקרא בחינת כלי. וכמשל שהאור נסתר בכלי ואינו מאיר בחוץ. ויש עוד כוונות במשל הזה או"ר וכל"י)ומבואר כל זה בקל"ח פתחי חכמה סימן כ"ח(.

115. The concept of enclothing is related to that of lights and vessels in that a vessel limits and conceals the light and revelation within it in proportion to its density and/or lack of transparency. Light represents revelation (which is chesed) whereas vessels represent concealment (which is judgment and restriction) as Scripture states, "He set darkness as His hiding place".

]קטז[ונאמר בדרך משל ששלשה מיני אור יש:
אחד - אור מקיף מרחוק הכלי.
שני - אור פנימי נכנס לתוך הכלי.
שלישי - שמן האור שנכנס להכלי חוזר מקצתו לחוץ ומקיף על הכלי מבחוץ.

ונקראו השלשה מיני אור הנ"ל: אור מקיף הישר, אור מקיף החוזר, אור פנימי, וכל זה משל בעניין ההנהגה,)ועיין בקל"ח פתחי חכמה סימן כ"ח(, לפי שגם ההנהגה המסותרת, וההנהגה התכלית, המנהיגות את ההנהגה הזמנית, יש בזה שני חלקים. חלק אחד הוא מה שאפשר בדעת האדם להבינה, וחלק ב' מה שנשגב מן האדם ונעלם מהם, וזהו אור מקיף. ומה שאפשר להבינה הוא נקרא אור פנימי עיין שם.

---

[10] תהלים יח יב

116. Kabbalah speaks allegorically of three kinds of light; The first is revelation which is beyond grasp and cannot be contained within the vessel. It, therefore, is described as encompassing the vessel from a distance and is called, "Direct encompassing light" (אור מקיף הישר) The second is that light which is grasped and contained within the vessel. It is called, "Inner Light" (אור פנימי). The final light is called, "Rebounding encompassing light", (אור מקיף החוזר) in that it enters the vessel but cannot be contained within it, due to the limitations of the vessel. This light therefore rebounds and encompasses the vessel closely.

[קיז] ומדברי הגר"א ז"ל בליקוטיו סוף ספר ספרא דצניעותא ד"ה וכי אם וכו', נלמד, ששלשה מיני אור הנ"ל, הם מה שמהנהגת השלושה ראשונות שמתלבשות גם כן להנהגת השבעה תחתונות הנ"ל, וכמו שנבאר כך לקמן, וזה לשון הגר"א ז"ל שם - ואורות הן שלושה ראשונות:
אור הפנימי – בינה, שמתלבשת בהן כידוע, והוא בצמצום, לכן דינין מתעוררין מסטרהא. אבל לא בבחינת עצמה, אלא לפי המקבל שהוא הכלי, וכמו שכתבנו לעיל שהשינוי הוא רק על ידי סיבת התחתונים.
ואור מקיף החוזר – חכמה, ומכל מקום קצת דין בו.
אור מקיף הישר – הוא כתר, רחמים פשוטים, ואין השגה כי אינו מסובב בבחינת הכלי, ונעלם מאד. והכלים, שהן הנגלות - הן זעיר ונוקבא, הייני הם הנהגת השש ספירות והמלכות וכנ"ל, עד כאן לשון ז"ל. ועיין עוד לקמן.

117. The GR"A applies this principle to the relationship between the upper three Sefirot and the seven lower Sefirot of Zeir Anpin and Nukvah.

Because discernments begin to arise in Binah, its light may be enclothed within the seven lower Sefirot as an inner light (Ohr Pnimi – אור פנימי). Nonetheless, due to the limitations of the recieving vessels, (rather than any limitation in Binah itself), only a fraction of its light is enclothed within them. Since Chochmah is not as absolute a kindness and mercy as Keter, its light may penetrate their vessels momentarily, but rebounds instantly due to their inability to grasp it. It therefore represents the Encompassing Rebounding light (Ohr Makif Hachozer –אור מקיף החוזר). Keter is absolute and unqualified Kindness and Mercy and therefore it represents the Direct encompassing light (Ohr Makif Hayashar – אור מקיף הישר). It cannot be grasped at all within the seven lower Sefirot and as such, is beyond comprehension and exceedingly hidden.

]קיח[ולעיל כתבנו בפרק א' סעיף כ"ג, שיש בהנהגה פנימיות וחיצוניות. לכן גם בהנהגת ז"א ומלכות שנקרא כלי, גם כן יש שני בחינות פנימיות וחיצוניות. וכתבנו למעלה שלכל פעולה והנהגה יש שם בפני עצמו.

ולכן מבואר בעץ חיים שער השמות פרק ג', על כל אחד מהחמשה בחינות הנ"ל, שלוש מיני אור, ושני בחינות כלי - פנימי וחיצון, על כל אחד שם בפני עצמו, ועיין שם.

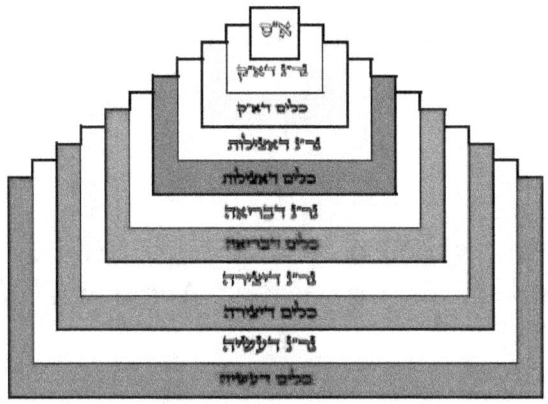

118. Each Partzuf possesses five distinct qualities: three types of light; The encompassing direct light (Ohr Makif Hayashar – אור מקיף הישר), The encompassing Rebounding light (Ohr Makif Hachozer – אור מקיף החוזר), and the inner light (Ohr Pnimi – אור פנימי), and two aspect of vessels; the internal (פנימי), and the external (חיצוני).

אצילות
ירידת בי"ע דאצילות לבי"ע
לברר את רפ"ח הניצוצין והכלים
אצילות דאצילות
כלים פנימיים דאצילות
כלים אמצעיים דאצילות
כלים חיצונים דאצילות
בי"ע דאצילות
בריאה
ירידת הכלים
הפנימיים דאצילות
לברר מהבריאה
יצירה
ירידת הכלים
האמצעיים דאצילות
לברר מיצירה
עשיה
ירידת הכלים
החיצונים דאצילות
לברר מעשיה

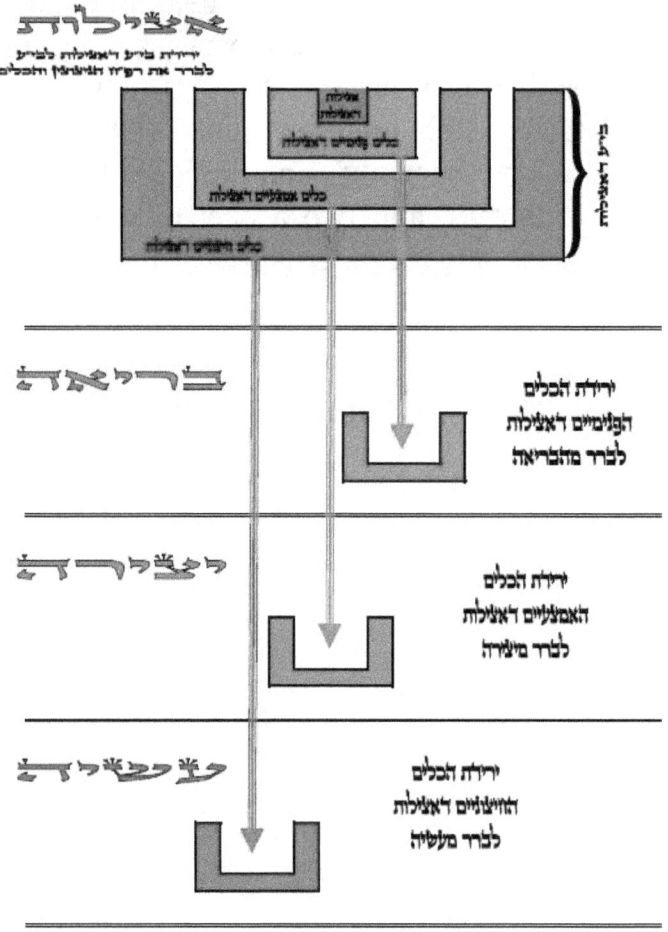

פרק ו'

Chapter 6

פרק ו

בו יבואר עולם התוהו, ועולם התיקון, ושיתוף שלוש ראשונות לשבעה תחתונות, וישראל סבא, ותבונה ושבעה תיקונים, וי"ג תיקוני דיקנא, ובו כ"ה סעיפים.

Within which is explained the world of Tohu-Chaos, the world of Tikkun- Repair, The connection of the three upper Sefirot with the seven lower ones, Yisroel Saba, Tevunah, The seven Repairs, and the thirteen Repairs of the Beard.

[קיט] הנה אמרו חז"ל: מתחלה[1] נברא העולם במדת הדין, ראה שאין העולם מתקיים, שיתף עמו מדת הרחמים. ולכן כתיב מתחלה: "אלהי"ם", ואחר כך כתוב: ביום[2] עשות הוי"ה אלהי"ם ארץ ושמים. ומה שלא נברא מתחלה בשיתוף רחמים, הוא לפי שכל מה שנברא בראשונה, לא נשתנה עוד, לכן נברא בדין. והשיתוף נעשה אחר כך, והשיתוף אפשר להשתנות. לכן לפעמים על פי החטאים הגדולים, נסתלק שיתוף הרחמים, או לצדיקים גמורים, מדקדק עמהם כחוט השערה לטובת אחריתם.

119. The Sages noted, "At first the world was created through the attribute of Judgment, G-d saw that the world could not withstand this so He joined the attribute of Mercy to it." For this reason, the Torah begins with the name Elokim (אלהים), signifying Judgment, and only later, in order to soften its nature, the name Y'H'V'H, which signifies mercy is used, as is written "On the day that Y'H'V'H

[1] ומובא בפירוש רש"י ריש בראשית פסוק א'

[2] בראשית ב ד

Elokim made Earth and Heaven". The primary and fixed nature of the world is that of Judgment since it was originally created through this attribute. Mercy, however, is added to the world to soften its natural harshness in accordance to the degree of Mans righteousness. Conversely, to the degree of his transgressions, it is withdrawn, resulting in a regression to its primary nature. [A. The nature of the world (HaTeva - Nature = 86) is basically severe since its source is in the divine name Elokim = 86.] B. This is the concept of Shituf - Joining in which two conducts act in partnership thus tempering each other.

]קכ] ולעיל כתבנו ששם ב"ן הוא מורה על דין הגמור, מילוי הוי"ה בההין, ושם מ"ה, מורה על הרחמים מילוי אלפי"ן. ולכן אמרו, שמתחלה נסדר הנהגת הספירות מבחינת שם ב"ן. ועל פי זה, הנהגה כזאת דין גמור היה דבר בלתי אפשר להתקיים, ויצאו מהם קלקולים של העולם, שמן ההנהגה ההיא לא יגיע לתכלית הנרצה. ונאמר על זה בדרך משל שבירת ההנהגות, ונפילת ההנהגות, ועוד דברים ומשלים בזה. ונקרא זאת עולם הנקודים, ועולם התוהו.)ונתבאר זה בארוכה בספר קל"ח פתחי חכמה, מסימן ל"ו עד סימן נ"ה, עיין שם.(והאור שרומז על ההנהגה הגלויה, ושיתנהג למען יבוא על תכלית טוב, נסתלק מההנהגה בהיותה בחינת ב"ן הנ"ל, דין גמור הנ"ל. פירוש, שבהנהגה ההיא לא יבוא אל התכלית וכנ"ל. ומה שכתבנו, שבתחילה יצאה הנהגה בבחינת שם ב"ן, הדין, שעליה אמרו חז"ל - ראה שאין העולם מתקיים וכו'.

עליהם מרומז הפרשה וישלח: ואלה[3] המלכים אשר מלכו בארץ אדום" וכו', אדום רומז לדין, כידוע שמראה הלבן מורה על חסד, והאדום מורה על דין.

[3] בראשית לו לא

בלע בן בעור – הוא דעת.
יובב – חסד.
וחושם – וגבורה.
הדד בן בדד – תפארת.
שמלה – נצח והוד.
שאול – יסוד.
בעל חנן בן עכבור – מלכות.

הדר – הוא בחינת שם מ"ה החדש, שהוא התיקון שיצא אחר כך, כמו שאמרו: שאחר כך שיתף עמו מדת הרחמים, ואז היה התיקון.

ולכן, לא כתיב בהדר הנ"ל מיתה כלל. וכמו שאמרו, ראה שאין העולם מתקיים בהנהגת הדין, לכן נאמר עליהם בדרך משל **וימת**, וכמו שפירש באדרא רבא זוהר נשא דף קל"ה ע"ב, עיין שם. שהכוונה שנתבטל ההנהגה במקצת, אך לא לגמרי, ורק היתה במדרגה יותר נמוכה. וזה לשונו שם: אתבטלו ואסתלקו מההוא תיקונא כו', ולא אתבטלו לגמרי, אלא כל מאן דנחית מדרגא קדמאה דהוה קם ביה, נקרא מיתה, עד כאן לשון שם. וכוונתו למה שדרשו בזוהר: האי[4] קרא - וימת מלך מצרים, על שר של מצרים, כפירוש הגר"א ז"ל. ונתבארו עניין המלכים הנ"ל באריכות רב, בפירוש הגר"א ז"ל לספרא דצניעותא פרק א', עיין שם.

וכן בעניין האדם, כשאבד מדרגת הרוחניות שלו, שאינו משיג ברוחניות כל כך, נקרא גם כן מיתה, כמו שכתוב בזוהר משפטים דף רט"ז ע"ב עיין שם באריכות. ועיין עוד בספר פתחי חכמה ודעת דף כ"ד ע"ב, שבחינת הסתלקות, בחינה שאנו קוראין אותה פנימיות מן הבחינה שנקראת חיצוניות, נקרא זאת בדרך משל מיתה, שהפנימיות נמשל לנשמה והחיצוניות נמשל לגוף, ופירוד שלהם כפירוד הנשמה מן הגוף וכנ"ל. ולכן כשההנהגה במדרגה נמוכה, שאין בחינה עליונה מתלבשת בה, נמשל על דרך הנ"ל. והכל בדרך משל הוא, וכנ"ל.

---

[4] שמות יט ב

120. As explained previously the name of Ban-52, indicates absolute judgment, and the name of 45, mercy. As such the Sefirot were first ordered through this aspect of Ban-52. Because the conduct of judgment in and of itself could not bring about G-d's ultimate intent in Creation, Flaws resulted. 1 "Flaws Resulted" - Intentionally in order to bring about the Sitra Achara - which would create the possibility of free choice thus making man a free agent. These flaws are allegorically described as the shattering and fall of the vessels. This stage of creation is referred to as the World of Nekudim - Points or Tohu -Chaos, during which the light and revelation intended for the ultimate good was withdrawn. This is alluded to in the verse "And these are the kings that reigned in the land of Edom before there reigned any king of the children of Israel." Edom -(red), indicates Judgment alluding to the named of Ban-52, the World of Tohu- Chaos. Each of the kings of Edom indicates one of the Sefirot of Tohu as follows:

Bela ben Beor – Daat.
Yovav – Chesed.
Chusham – Gevurah.
Hadad ben Badad – Tiferet.
Samlah – Netzach and Hod.
Shaul – Yesod.
Baal Chanan ben Achbor - Malchut.

Hadar - Concerning each these kings (with the exception of Hadar,) Scripture states their demise, thus alluding to the shattering of their vessels. This was not the case with Hadar - Malchut, for at that stage the attributes of Mercy, alluded to by the name of 45 was introduced in order to bring about the eventual Tikkun - Repair. What is meant here by death is not a total cessation but rather a descent to a lesser state of being as explained in the Zohar, Idra Raba "They were nullified and withdrew from that state of being, not that they were totally nullified but rather, whenever there is a descent from a higher to a lower level, it is allegorically considered a death." This concept is also explained in Zohar on the verse "And the king of Egypt died." Such is also the case whenever a person falls from his level of spiritual awareness. This concept of death applies when an inner aspect is withdrawn from an external one, the inner aspect symbolizing the soul and the external, the body. Therefore, when a conduct descends to a lower level within which the higher aspect is no longer enclothed, it is considered similar to death. The intellectual Sefirot of Tohu were not shattered. This is why Esav's - (Tohu) head is buried in Maarat HaMachpela.

[קכא] ואחר כך שיתף עם ההנהגה מדת הרחמים. היינו, שיצא אחר כך הנהגה של שם מ"ה, היינו מדת הרחמים, ונשתתף ונתחבר עם הנהגת הב"ן, הדין הנ"ל, ונעשה על ידי זה תיקונים בהנהגה שאפשר להתקיים, ושיסובב הנהגה באופן שיגיע לתכלית טוב. ונקרא זאת עולם התיקון. (ונתבאר עולם התיקון בקל"ח פתחי חכמה מסימן ס"א והלאה, עיין שם).

121. After the shattering of these vessels, the aspect of Mercy- Rachamim, which is the conduct of Mah-45, was introduced and superimposed upon that of

52, in order to soften its severity and to lead to the eventual rectification and complete goodness which is G-d's ultimate intent in Creation. This process is called the world of Tikkun - Repair (עולם התיקון).

[קכב] אמנם, התיקון שהוא חיבור מ"ה וב"ן, לא נעשה כל התיקון מיד. ועניין חבור מ"ה וב"ן משתנה מעתות לעתות לפי המעשה של התחתונים, או לפי מה שברצונו יתברך, מה שנעלם מאתנו, או לפי שינוי הזמנים. (עיין קל"ח פתחי חכמה סימן ס"א).

122. This repair, comes about through the union of Mah-45 & Ban-52 and is a gradual process which is affected by three factors; mans deeds, G-d's Supernal intervention, and the various stages of time in G-d's ultimate plan.

[קכג] וכן בהנהגת הששה ספירות שנקרא הנהגת הזעיר אנפין, שהוא הנהגת המשפט, גם על זה נאמר: אל[5] תבוא במשפט את עבדך. אך לפעמים, אם יש זכות לתחתונים, משתתף עם הנהגת הז"א הנהגת השלוש ראשונות, שהם רחמים, כמו שכתבנו למעלה, ואז טוב וברכה לעולם. וזה נקרא שמתלבש הנהגת השלוש הראשונות בהנהגת הז"א, ונקרא גם כן שיתוף הנ"ל.

123. The principle of rectification also applies to the six sefirot of Zeir Anpin.

Through the merit of Mankind the three upper Intellectual Sefirot (Keter, Chochmah, and Binah) - great mercies, are invested within Zeir Anpin, thus affecting its maturation, resulting in Goodness and Blessing to the world. This is alluded to in the verse

---

[5] תהלים קמג ב

"Do not come in Judgment with your servant." (Mishpat = Justice = Zeir Anpin). This concept is also called Shituf- Joining. Keter, Chochmah, and Binah join Zeir Anpin.

[קכד] והנה בהשתתפות הבינה בהנהגת הז"א, לא כולה משתתפת. רק חלק עשירית ממנה, שהוא בחינת מלכות דבינה. ולכן נקראת מלכות דבינה בשם בפני עצמה שנקראת **תבונה**. וגם זאת התבונה מתחלקת לעשר ספירות גם כן.

124. However, when Binah is joined with Zeir Anpin, only Malchut of Binah, its tenth part, does so. It therefore receives a distinct designation as a separate Stature- Partzuf containing ten sefirot, and is called Tevunah (תבונה).

[קכה] ולעיל כתבנו, שיש בחינת אור פנימי, ובחינת אור מקיף. ולכן מתחלקת התבונה לעשר ספירות. ושלשה ספירות תחתונות נצח, הוד, יסוד, שהם שלשה בחינות חסד, דין, ורחמים, נעשה בהנהגת הז"א אור פנימי. והנהגת הז"א עצמו, הם ששה ספירות: חסד, גבורה, תפארת, נצח, הוד, יסוד. ואם כן, עם השלשה הנ"ל, הם תשעה, ובכללות כל אחד לעשרה, מורה על זה אות **צ'**.

125. The three lower Sefirot of Tevunah, Netzach, Hod, and Yesod, which represent Kindness, Judgment, and Mercy, become invested as an Ohr Pnimi -inner light within the six sefirot of Zeir Anpin. Each of these sefirot consists of ten subdivisions, totaling 90 - the numerical value of the letter Tzaddik (צ).

[קכו] וחסד, גבורה, תפארת של התבונה הנ"ל, שהוא מלכות דבינה הנ"ל, נעשה בבחינת אור חוזר על הכלי, שכתבנו למעלה

וכנ"ל. והם שלשה בכללות עשר גם כן, ועל זה מורה אות **למ"ד**. והארבעה ראשונות של התבונה הנ"ל: כתר, חכמה, בינה, דעת, של התבונה, היא בבחינת אור מקיף מרחוק וכנ"ל, והם ארבעים בכללות כנ"ל, עליהם מורה אות **מ"ם**. הרי שלשה בחינות הנ"ל המה צל"ם. (עיין קל"ח פתחי חכמה סימן קכ"ז, קכ"ט).

ם

ל

צ

ם	כתר חכמה בינה דעת
ל	חסד גבורה תפארת
צ	נצח הוד יסוד

126. Chesed, Gevurah, and Tiferet of Tevunah become an Ohr Chozer- Rebounding encompassing light, relative to Zeir Anpin. They too consist of ten subdivisions totalling 30, the numerical value of the letter Lamed (ל). The four upper Sefirot of Tevunah; Keter, Chochmah, Binah, and Daat, are Ohr Yashar - a Direct encompassing light from a distance, in relation to Zeir Anpin, which consists of a total of 40 subdivisions, the numerical value of the letter Mem (ם). All these aspects together make up the word TZELEM - (צלם) - Image.

[קכז] ובאשר האדם בענייניו וטבעו נברא באופן שרומז על ההנהגות שלמעלה, וגם בו בנשמתו יש שלשה חלקים הנ"ל: מה שהוא בתוך גופו, ומה שהוא מקיף עליו מקרוב, ומה שהוא עליו מקיף מרחוק, וכמו שיתבאר בס"ד לקמן בפרק ט סעיף כ"ז וכ"ח, בשלשה חלקים: נשמה, יחידה, חיה, ולכן כתוב עליו: בצל"ם[6]

[6] בראשית ט ו

אלהי"ם עשה את האדם, שבו השלשה בחינות **צל"מ** הנ"ל. ונדרש גם בהנהגות בשמות הדברים שיש כנגדם באדם, וכמו שכתבנו למעלה. (ועיין בהתחילת ספר נפש החיים בההגה הארוכה אשר שם עיין שם).

127. In that Mans nature and characteristics were created in a manner which hints at the supernal Conducts, his soul consists of three components corresponding to TZELEM; The Neshama which is enclothed within him, The Chaya which encompasses above him closely, and the Yechidah which encompasses above him at a distance. This is the meaning of the verse "G-d made man in his IMAGE - TZELEM." Kabbalah sometimes refers to the corresponding Supernal Conducts by these names. 3 In actuality the soul consists of 5 levels (NaRaN"CHaY)

[קכח] והנה, כל זה אם התחתונים זוכים הרבה. אך אם התחתונים אינם זוכים, אז בא שיתוף הרחמים, היינו בחינת הבינה בהנהגת הז"א רק חלק מיעוט, היינו שנאמר רק חלק עשירית מהתבונה הנ"ל, היינו מלכות שבתבונה הנ"ל, היא משתתפת בהנהגת הז"א, וגם היא מתחלקת על הבחינות הנ"ל **צל"מ** וכנ"ל. ואז היא נקראת תבונה שניה. (ועיין קל"ח פתחי חכמה סימן קכ"ח וקכ"ט).

128. When Mankind is meritorious, there is a Shituf-Joining of Tevunah itself with Zeir Anpin, however when this is not the case, only Malchut of Tevunah, which is its tenth part joins Zeir Anpin. It is considered to be a distinct Partzuf -Stature and is called the Second Tevunah (תבונה שניה). 4 Malchut of Malchut of Binah

[**קכט**] וכשלא נדרש כלל עניין השיתוף של בינה להנהגת הז"א, אז נקרא הבינה שם אחת - אימא, וכמו שכתבנו למעלה עיין שם.

129. The concept of Tevunah only applies to the joining of Binah with Zeir Anpin. Otherwise, Binah is simply refered to as Imma.

[**קל**] וכשיש עוד זכות, אז גם מחכמה בא השיתוף להנהגת הז"א, הכל כנ"ל אצל בינה, ומלכות דחכמה משתתפת בו, על דרך שכתבנו בתבונה. ונקרא מלכות דחכמה גם כן שם בפני עצמו, ישראל סבא. ובמדרגה טובה משתתף כל המלכות דחכמה, היינו כל הישראל סבא על דרך שלשה בחינות הנ"ל, פנימי, ושני מקיפין כנ"ל, שהם שלשה בחינות צל"מ כנ"ל. וכשלא זוכין ובא במדרגה נמוכה, בא השיתוף רק מלכות דישראל סבא הנ"ל, ונקרא ישראל סבא שני. והכל על דרך שכתבנו בתבונה שניה של בינה, גם כן בשלשה בחינות הנ"ל וכנ"ל. ופשוט ששיתוף החכמה הוא יותר במעלה מבינה כנ"ל, ונצרך לזכות יותר.

130. If mankind acheives greater merit, then a Joining - Shituf is effected between the level of Malchut of Chochmah, and Zeir Anpin. This too becomes a distinct Partzuf called Yisrael Saba (ישראל סבא), and similarly to Tevunah, joins in an aspect of Tzelem, that is, one inner light and two encompassing ones. But when mankind is not so meritorious, only the Malchut of Yisroel Saba influences Zeir Anpin. This is called the Second Yisroel Saba (ישראל סבא שני), and also influences Zeir Anpin through the three aspects of Tzelem. Certainly, the influence of Chochmah is higher than that of Binah and requires greater merit. 5 Malchut of Malchut of Chochmah.

[קלא] ובמעלה עוד עליונה, בא גם מבחינת הכתר שיתוף להנהגת הז"א וכמו שיתבאר. והדעת, שהוא במקום הכתר גם כן, משתתף ומתלבש בתוך הנהגת הז"א כנ"ל.

131. Daat may also affect Zeir Anpin and with even greater merit an influence from Keter may be achieved.

[קלב] והנה, עיקר הנהגת הז"א הוא רק ששה ספירות כנ"ל, שהם: חג"ת נה"י. אך על ידי הזכיות ועל ידי התיקון, בא גם הארת החכמה והבינה והדעת, או גם הכתר, להשתתף בהנהגת הזמן של עולם הזה. אז נאמר שנתוסף בהנהגת הז"א שלושה ראשונות, ונעשה הנהגת הז"א עשר ספירות. ונקראו כתר דז"א, חכמה דז"א, בינה ז"א וכו' וכנ"ל, וזהו לאחר התיקון.

132. Essentially Zeir Anpin consists of 6 Sefirot; Chesed, Gevurah, Tiferet, Netzach, Hod, and Yesod, but because the merits of Mankind (MiLemata LeMaala – from below to above), and Rectification (MiLeMaala Lemata – from above to below), This temporal world also recieves influence from Chochmah, Binah, and Daat or Keter by their joining with Zeir Anpin thus increasing its stature to a conduct of ten Sefirot. Zeir Anpin is then considered to possess a Keter, Chochmah and Binah in addition to its essential Sefirot. This matter applies after Tikkun.

[קלג] ולכן, לא נחשב הנהגת הז"א רק ששה ספירות, לפי שלא נחשב רק מה שהיה גם קודם התיקון, כי מה שהוא לאחר התיקון, יוכל ח"ו להשתנות, וכנ"ל. (ועיין ביאור הגר"א ז"ל על ספרא דצניעותא פרק א' ד"ה וזיוניהון, ולכן קודם התיקון נאמר שלא היה לז"א השלושה ראשונות, וקורא זאת בהתחילת הספרא

דצניעותא, וזיוניהון לא אשתכחו, עיין שם ביאור הגר"א ז"ל על זה עיין שם.)

133. For this reason Zeir Anpin is generally considered to consist of 6 Sefirot for being that they preceded Tikkun they are essential and constant, whereas that which issues after Tikkun may change.

[**קלד**] ולעיל כתבנו שהשלש ראשונות נקראו מוחין, היינו החכמה, והבינה, והדעת.

חכמה   בינה
דעת

לכן נקראו ההוספות האלה בהנהגת הז"א מוחין כנ"ל. ועוד יש טעם בדבר, לפי שבאדם הגוף הוא מעולם הזה, והמוח בא בו הנשמה מעולם שלמעלה ממנו, לכן כל ההשראה הבאה מעליון לתחתון נקרא בדרך משל מוחין כנ"ל. ולכן, גם במדרגת ההנהגה, מה שבא בהנהגה שיתוף מהנהגה היותר עליונה במדרגה, נקרא בדרך משל גם כן מוחין. (ועיין ספר מים אדירים, וספר קל"ח פתחי חכמה סימן קט"ז וקכ"ז, ובסימן ק"א, עיין שם.)

134. Chochmah, Binah, and Daat are called Intellect. Therefore, their addition to the conduct of Zeir Anpin is regarded as an influence of "Intellect". Likewise, just as Man's body is of this world and his soul, which transcends the world, resides in his brain, so too the joining of a higher conduct to a lower one is allegorically called an "Influence of Intellect".

Binah   **Chochmah**
Daat

[קלה] והנה כתיב: ועתה[7] יגדל נא כח הוי"ה כו'. שכשהשם יתברך עושה חסד ונסים וטוב בעולם, מקרי שכחו נתגדל כביכול, לפי שכל מה שאנו מדברים בו, הוא הכל לפי פעולותיו וכנ"ל עיין שם. וכשח"ו הוא מתנהג בדין ובהסתר פנים, כביכול נקרא שאין שמו נתגדל ח"ו אז, ונקרא בדרך משל קטנות ח"ו, ולזה רומז האדם בקטנותו. וכשבא השראת ושיתוף הבינה לבד, נקרא גדלות ראשון. וכשבא גם שיתוף והתלבשות החכמה, נקרא גדלות שני.)עיין קל"ח פתחי חכמה סימן קכ"ט(.

135. It is written, "May the power of G-d be magnified." When G-d, Blessed Be He, influences kindness, miracles and goodness towards the world this is allegorically considered to be a magnification of his power since we only speak of His actions, as mentioned above. Conversely, when G-d conducts the world with severity and withholds his influence and revelation, His name is not magnified but is rather diminished. This is called Katnut -Smallness or Immaturity. (Symbolized by the stages of childhood in human developement.) When Binah joins and influences the world, it is called Gadlut Rishon - The First or Initial Maturation (Magnification) And when there is a further joining and influence of Chochmah, it is called Gadlut Sheini - The Second or Greater Maturation.

[קלו] והנה, האדם בטבעו הוא רומז על דרכי ההנהגות. ומה שהוא בהנהגות, במספר ההנהגות בא באדם כנגדם, במספר הימים והשנים. ונדרש גם בההנהגות בדרך משל, במשל דברים הנמצאים באדם שמרמזים עליהם. בדרך משל יש לפעמים ח"ו הנהגה על פי דין הגמור ח"ו, עד שנאמר: ואנכי[8] הסתר אסתיר

[7] במדבר יד יז
[8] דברים לא יח

פני, כו'. וכשלא היתה ח"ו שום זכות, אז הוא נמשל לעיבור שלא נודע ממנו, וכמו שכתוב: כאשר[9] אינך יודע מה דרך הרוח כעצמים בבטן המלאה ככה לא תדע את מעשי הוי"ה, כו'. ובמדרגה הזאת היו במצרים בעת קושי השיעבוד)וכמו שכתב הגר"א ז"ל בספר ספרא דצניעותא סוף פרק א(. וכן בגלות קודם הגאולה, ואז לא הייתה להם זכות ופעולה, רק היו מתקיימים במתנת חנם בזכות אבות, נמשל גם כן להעיבור, שאוכל רק מאימו, ואין לו פעולה עצמית. וביציאת מצרים, שהייתה בבחינת לידה, היינו שנראה ונודע, אבל אין לו פעולה כי אם רק פעולה חלושה מאד, לפי שלא קבלו התורה עדיין. וכדומה לזה כל טבעי האדם, הכל מרמז על דרכי ההנהגות וכנ"ל. שמתחלה צריך הוא ליניקה משדי אמו, והוא משל כשאין לישראל זכות מעצמם, וגם פעולתו מועטת. כל זה הוא כסדר עניני רמזים לפי סדר המעלות. וכל מה שנדרש בזה, יש בזה הכל על דרך משל וכנ"ל.

136. All the stages of life, Embryonic, Infancy, Childhood, Adulthood etc., hint at the divine conducts. The Embryonic stage, in which the embryo is concealed and totally dependent on its mother for sustenance, is comparable to a time of severity, in which the world lacks merit and divine revelation as stated, "I will surely hide My face on that day". It then is sustained sole through G-d's grace and the merit of the Patriarchs. This connection between the Embryonic stage and G-d's conduct is hinted at in the scriptural verse, "Just as you know not what is the way of the wind or how the bones grow in the womb". The Egyptian bondage as well as our present state of exile constitutes such a period. The state of the Jewish people during the exodus was comparable to infancy

[9] קהלת יא ה

marking the birth of the nation. However, since they did not yet receive Torah and Mitzvot, they lacked meritorious actions. In like manner there is a relationship between all of Mans life stages and G-d's actions.

]קלז[וכתבנו למעלה, שההתחלה בגלוי הוא מחכמה, ולכן חכמה כולל כל הנהגות, והמה בכלל ל"ב נתיבות. ונתיב, פירושו, דרך. היינו דרכי הוי"ה יתברך שמו, וכמו שכתוב: הודיעני[10] נא את דרכיך" (כן כתב הגר"א ז"ל בפירוש תיקוני זוהר חדש, דף פ"ט סוף ע"ד). ולכן תנן בהתחילת ספר יצירה: בל"ב נתיבות פליאות חכמה חקק יה וכו', ומספר ל"ב הם כנגד עשר ספירות וכ"ב אותיות א"ב, שכל אות מורה על הנהגה אחרת, כמבואר כל זה בדברי הגר"א ז"ל (בפירושו על ספר יצירה עיין שם בארוכה במשנה א', עיין שם).

137. Revelation begins with Chochmah and therefore all subsequent conducts are included potentially within it. These are the thirty-two general paths or ways of G-d alluded to in the verse, "Please make your ways known to me". Sefer Yetzirah therefore states that, "G-d engraved Thirty-Two wondrous paths of Chochmah", which correspond to the 10 sefirot and the 22 letters of the Hebrew Alpha-Bet, each of which indicates a seperate conduct.

]קלח[ומה שאמרנו, שגם מן הנהגת הכתר משתתף להנהגת הז"א אחר התיקון, הנה נאמר בכתר אחר התיקון שני מיני תיקונים. והיינו, כי לעיל בפרק ב' סעיף י', כתבנו שבהנהגת הכתר נדרש תלת רישין, שהם שורש החסד, והדין, והרחמים.

---

[10] שמות לג יג

ועיקרם תרין רישין, שהם כתר שבכתר – שנקרא גלגלתא רישא חדא, וחכמה שבכתר – שנקרא מוחא רישא תנינא. ולהגר"א ז"ל, היא מבחינת חכמה ובינה שבכתר.

138. Keter also influences Zeir Anpin through its two heads, Keter of Keter which is the Gulgalta-Skull, and Chochmah of Keter which is the Mocha - Brain.

[קלט] ומבחינת רישא חדא, שהוא מכתר שבכתר הנ"ל, יש שבעה תיקונים בכתר. וכתבנו למעלה שיש בראשו של אדם, הרומז על הכתר, כמה דברים שרומז על עשר ספירות דכתר. ונקראו גם ספירות דכתר בשמות אלו. ועל דרך זה נקראו גם כן השבעה תיקונים בשמות כאלה. ואלה הם השבעה תיקונים שנחשבו בספרא דצניעותא פרק א', ונקראו בשמות אלו בדרך משל:

א(גלגלתא,

ב(טלא דבדולחא, ונקרא מוחא,

ג(קרומא דאוירא,

ד(עמר נקי,

ה(רעוא דרעוין, אתגליא בצלותא דתתאי, וקראוהו בדרך משל מצח הרצון,

ו(אשגחא פקיחא, וקראוהו עינא.

ז(תרין נוקבין דפרדשקא, ונקרא חוטמא.)ולהגר"א ז"ל, לא נחשב טלא בחשבון השבעה, רק תרין נוקבי החוטם נחשבו לשנים(.

כל זה, הם שמות של מיני השפעה למטה.)ועיין ביאור הגר"א ז"ל על זה באורך בספרא דצניעותא שם(. ולמה הם שבעה, יתבאר בס"ד לקמן. ושבעה אלה הם בהעלם יותר, לפי שהם מבחינת כתר שבכתר. ונקראו שבעה דגלגלתא.

139. There are seven influences- Tikkunim of Keter of Keter, the first head, which are allegorically refered to by the following terms:

    A. Skull- Gulgalta.

    B. The Crystal Dew- Talla D'Bdulcha.

    C. Gaseous Membrane- Krooma D'Avirah.

    D. The White Hair of the Head- Amar Nakki.

    E. The Primordial Desire or Will- Ra'ava D'Ra'avin (which is revealed in prayer) also allegorically called "The Forehead of Will"- Metzach Ratzon.

    F. Conscious Supervision- Ashgacha P'Kicha- Also called- The Eye- Aiyna.

    G. The Two Nostrils- Trayn Nukvin D'Pardashka - Also called- The Nose- Chutmah All these terms indicate types of influences from Keter of Keter and as such are exceedingly hidden. They are collectively called The Seven of The Skull- Shiva D'Galgalta.

[**קמ**] ומבחינת רישא תנינא, חכמה שבכתר הנ"ל, שנקרא מוחא סתימאה גם כן, יש שלשה עשר תיקונים עניני השפעה למטה, והם י"ג מידות של רחמים שנאמרו למשה בפרשת תשא, והם: אל, רחום, וחנון, ארך, אפים, רב חסד, ואמת, נוצר חסד, לאלפים, נושא עון, ופשע, וחטאה, ונקה, וכמו שדרשו חז"ל: ארך[11] אפים - לצדיקים ולרשעים, מנקה[12] הוא לשבים.

140. Chochmah of Keter, which is the second head, and is called, The Hidden Brain- Mocha Stima'ah, possesses thirteen influences-Tikkunim that influence downward. These are the thirteen

---

[11] גמרא בבא קמא נ ע"ב

[12] גמרא יומא פו ע"א

attributes of Mercy which were given over to Moshe. They are:

1. E-L - Benevolent G-d.

2. Rachum – Compassionate.

3. V'Chanun - and Gracious.

4. Erech - Long (slow).

5. Apayim - Suffering (to anger).

6. V'Rav Chessed - and Abounding in Kindness.

7. V'Emet - and Truth.

8. Notzer Chesed - He Preserves Kindness.

9. L'Alaphim - for two thousand generations.

10. Noseh Avon - Pardoning Iniquity

11. VaPeshah - and Transgression.

12. V'Chata'a - and Sin.

13. V'Nakeh - and He Cleanses.

[קמא] וכנגדם יש י"ג דברים בפסוקי מיכה, והם: מי אל כמוך, נושא עון, ועובר על פשע, לשארית נחלתו, לא החזיק לעד אפו, כי חפץ חסד הוא, ישוב ירחמנו, יכבוש עונותינו, ותשליך במצולות ים כל חטאתם, תתן אמת ליעקב, חסד לאברהם, אשר נשבעת לאבותינו, מימי קדם. י"ג אלו כסדר י"ג הנ"ל. נוצר חסד הנ"ל הוא יותר חסד, שמפורש בו חסד, ונקה הוא קצת דין בו, שאינו מנקה רק לשבים, ולכן נדרש לפעמים בהם עניין שיתוף. (ועיין קל"ח פתחי חכמה סימנים ק"ה ק"ו ק"ז ק"ח עיין שם).

בספר מיכה	בספר תורה	
בפנימיות	בחיצוניות	
מי אל כמוך	אל	א
נשא עון	רחום	ב
ועבר על פשע	וחנון	ג
לשארית נחלתו	ארך	ד
לא החזיק לעד אפו	אפים	ה
כי חפץ חסד הוא	ורב חסד	ו
ישוב ירחמנו	ואמת	ז
יכבש עונתינו	נוצר חסד	ח
ותשליך במצלות ים כל חטאותם	לאלפים	ט
תתן אמת ליעקב	נשא עון	י
חסד לאברהם	ופשע	יא
אשר נשבעת לאבתינו	וחטאה	יב
מימי קדם	ונקה	יג

141. There are thirteen corresponding phrases in Micha (7:18-20). They are:

1. Mi E-l Kamocha - Who is a G-d like you.
2. Nos'eh Avon - Who pardons iniquity.
3. V'Over Al Peshah - and forgives transgression.
4. L'She'erit Nachalato - for the remnant of His Heritage.
5. Lo Hechezik La'ad Apo - He does not maintain His wrath forever.
6. Ki Chafetz Chesed Hu - for He desires to do Kindness.
7. Yashuv Yerachamenu - He will again show us mercy.
8. Yichbosh Avonoteinu - He will suppress our iniquities.
9. Vetashlich BiMtzulot Yam Kol Chatotam - and you will cast all their sins into the depths of the sea.
10. Titen Emet L'Yaakov - Give truth to Jacob.
11. Chesed L'Avraham - Kindness to Abraham
12. Asher Nishbata LaAvoteinu - which you swore to our fathers.
13. M'Yimei Kedem - from the days of old.

[**קמב**] תיקון נוצר חסד הנ"ל נקרא מזל עליון, ותיקון ונקה נקרא מזל תחתון, והם היותר החשובים בהי"ג מידות הנ"ל. ונקראו **מזל**, מלשון: תזל[13] כטל אמרתי, לפי שהם הנהגות לטובה, גם בלא זכות לפעמים, וכמו שכתוב: וחנותי[14] את אשר אחון, אף על פי שאינו הגון. ונקרא מזל, שיורד למטה גם אם לא בא זכות

---

[13] דברים לב ב
[14] שמות לג יט

מלמטה. ועל בחינה זו אמרו: בני[15] חיי ומזוני, לאו בזכותא תליא מלתא, אלא במזלא תליא מלתא. המזלא הוא ההנהגה הזאת, שהוא לפעמים גם בלא זכות, ולא נודע זאת לנו. (עיין זוהר נשא קל"ד א', ופקודי רנ"ד ע"ב).

142. Notzer Chesed is called the upper Mazal and V'Nakeh is called the lower Mazal and as such they sometimes influence jointly. These two are the more essential of the thirteen attributes. They are called Mazal in that they are good influences which descend from G-d and are non-reactive to human deed, as is written, "I will be gracious to whomever I will be gracious". The word MAZAL is related to Nozel which means to flow down. Concerning this the sages stated "Procreation, Health, and Livelihood are not determined by merit, but rather by Mazal.

[קמג] וכתבנו למעלה שבאדם יש רמזים על עניני הנהגה. ולכן יש בפנים של האדם ובזקנו, י"ג סימנים הרומזים על הי"ג תיקונים הנ"ל. ונקראו גם הי"ג תיקונים הנ"ל בשמות של הסימנים הנ"ל שהוא בזקן, ולכן נקראו בכלל י"ג תיקוני דיקנא. והשערות הם דברים חלולים כידוע, שבתוכם יורד יניקה מן המוח. ובשערות אפשר לדעת עניני המחשבה, כמו שכתב הגר"א ז"ל (בפירושו על שיר השירים ו', ט"ו), אבל היא בהעלם גדול, למבינים הגדולים בחכמת הפרצוף הידועה לזה. וגם המה בצמצום, ומה שבתוכם יורד על דרך מקום צר, ויורד למטה. ובכל זה, רמז להשפעות הנ"ל הבא מן הכתר, בהעלם גדול ובצמצום למטה, לפי שהם קצת בחינת דין גם כן, לפי שבאים על פי בחינת רישא תנינא הנ"ל, שאינו רחמים כמו כתר שבכתר. ונתבארו הסימנים הנ"ל בזוהר[16], ובעץ חיים, עץ חיים שער א"א

---

[15] גמרא בבא קמא ב ע"ב

[16] זוהר אידרא רבא דף קל"א והלאה

פרק ט, עיין שם באריכות בפרטות, ובספרא דצניעותא התחילת פרק שני, עיין שם.

טבלה כללית

א	אל	מי אל כמוך	פאת הזקן
ב	רחום	נשא עון	שערות השפה
ג	וחנון	ועבר על פשע	אורחא קדמאה
ד	ארך	לשארית נחלתו	שערות תחת השפה
ה	אפים	לא החזיק לעד אפו	אורחא תינינא
ו	ורב חסד	כי חפץ חסד הוא	שער הזקן המתרחב
ז	ואמת	ישוב ירחמנו	תרין תפוחין
ח	נוצר חסד	יכבש עונתינו	מזל השמיני
ט	לאלפים	ותשליך במצלות ים כל חטאותם	שערות בן המזלות
י	נשא עון	תתן אמת ליעקב	שערות הגרון
יא	ופשע	חסד לאברהם	שערות הגרון
יב	וחטאה	אשר נשבעת לאבתינו	פה
יג	ונקה	מימי קדם	מזל י"ג

143. As stated previously the characteristics of Man hint at the supernal conducts. So too the human beard hints at these attributes. They are therefore called, "the thirteen influences of the beard - Yud Gimel Tikunei Dikna". Because hair is tubular, influence from the brain is drawn down through them. Furthermore, in that they are very narrow this influence is exceedingly constricted and hidden. This is so because the influence comes through Chochmah of Keter which is somewhat less merciful in comparison to Keter of Keter. As a result, it is possible to perceive matters pertaining to a person's thoughts by observing his hair. However, these matters are very hidden and only perceptible to those who are greatly versed in physiognomy (Chochmat HaPartzuf) as explained in Zohar.

דיקנא
פאת הזקן
א
אל
מי אל כמוך
תרין תפוחין
ז
ואמת
ישוב ירחמנו
ארחא קדמאה
ג
וחנון
ועובר
על פשע
שערות השפה
ב
רחום
נושא עון
ו
פה
יב
וחטאה
אשר נשבע לאבותינו
שערות תחת השפה
ד
ארך
לשארית נחלתו
ארחא תתאה
ה
אפים
לא החזיק לעד אפו
ורב חסד
כי חפץ חסד הוא
מזל ח׳
ח
נוצר חסד
יכבוש
עונותינו
שערות בין המזלות
ט
לאלפים
ותשליך
במצולות ים
מזל יג׳
יג
ונקה
מימי
קדם
שערות הגרון
י
נושא
עון
תתן
אמת
ליעקב
יא
ופשע
חסד
לאברהם

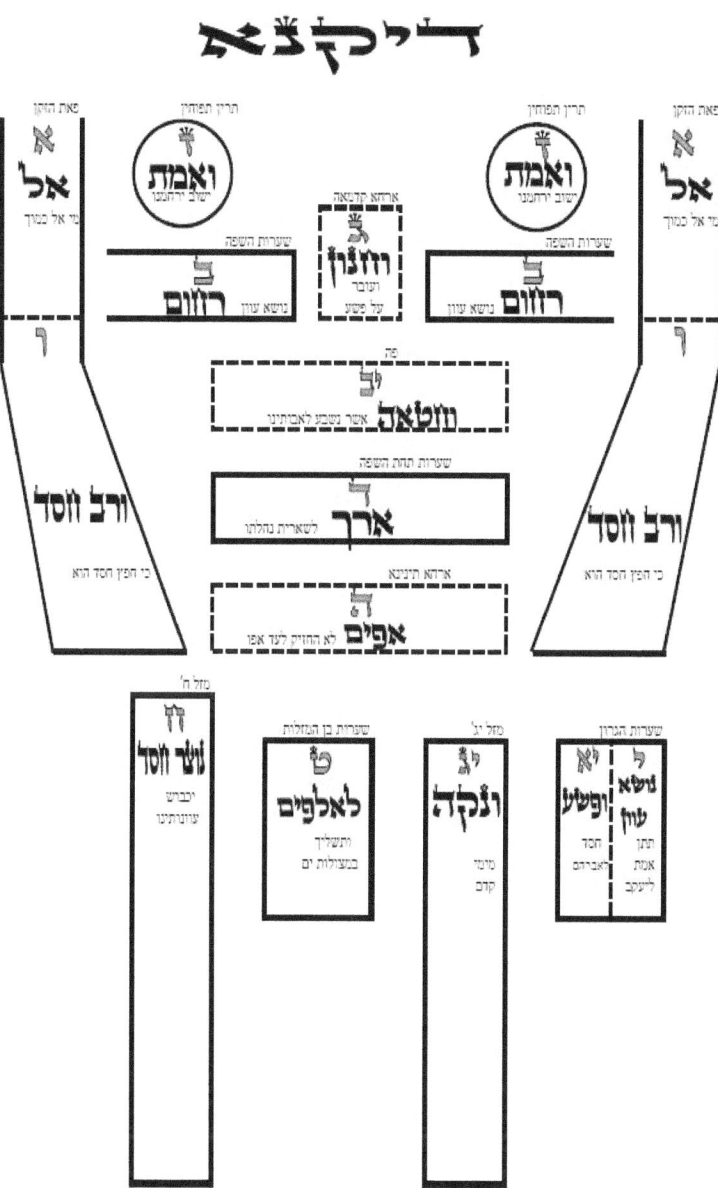

פרק ז'
Chapter 7

פרק ז
בו יבואר שיתוף וזיווג הרחמים להדין, וששה ספירות להמלכות, והשם יתברך להעולמות, ומיין נוקבין, ומיין דכורין. ובו י"ב סעיפים.

Within which is explained the joining & union of Mercy - (Rachamim) with Judgment - (Din), the six sefirot of Zeir Anpin with Malchut, G-d, Blessed be He with the worlds, & the feminine waters with the masculine waters.

[קמד] והנה הנהגת הז"א הנ"ל נקרא גם כן ישראל. ויש בזה עוד הנהגה שנקרא יעקב. וכן הנהגת המלכות נקרא רחל. ויש עוד הנהגה שנקרא לאה.

144. The conduct of Zeir Anpin is also termed Israel (ישראל), and the conduct of Malchut is also termed Rachel (רחל). Zeir Anpin possesses a secondary quality termed Jacob (יעקב), and Malchut too possesses a secondary quality termed Leah (לאה).

[קמה] עניין לאה ורחל שנאמר בבחינת מלכות, כתב הגר"א ז"ל בליקוטיו שבסוף ספר ספרא דצניעותא: לפי שיש שני בחינות במלכותו יתברך, האחד מצד שאנו ממליכין אותו, שזהו תכלית כל העבודה, פירוש, שאנו מקבלים עול מלכותו, אפילו שאינו עושה לנו נסים, וכמו שאמרו חז"ל: אמרו[1] לפני מלכיות כדי שתמליכוני עליכם, ופירוש מלוכה, היינו שמקבלים עבודתו ברצון טוב, כמו שכתב הגר"א ז"ל במשלי, וזאת נקראת **רחל**.

---
[1] גמרא ראש השנה טז ע"א

אבל בחינה השנייה שהיא **לאה**, כשנתגלה מלכותו בעולם מצד אותות, כמו במצרים ולעתיד לבוא, והוא גאותו של הקדוש ברוך הוא, והוא נקרא גם כן ענו כידוע, וכמו שאמרו: כל[2] מקום שאתה מוצא גדולתו וכו'. וכן בז"א שתי בחינות, מציאותו יתברך שאנו דבוקים בו, ומודים במציאותו זהו **יעקב**, פירוש שמתנהג הנהגת שכר ועונש, באופן שאינו ניכר ההנהגה כל כך שהוא מהשם יתברך, רק אנו יודעין ומאמינים בזה שהוא ממנו. והבחינה השנית מצד התגלותו כנ"ל, עד כאן לשון הגר"א ז"ל שם. ובחינה שניה נקרא **ישראל**. והעיקר היא הנהגה מצד התגלותו כנ"ל. אבל בבחינת מלכות, יותר עיקר הנהגה שנקרא רחל. וכן כתב הגר"א ז"ל שם עיין שם באורך)ועיין ביאורי הגר"א על רעיא מהימנא שבסוף חלק א' מהזוהר ויחלום כו', עיין שם(.

145. The GR"A explains that the reason for these two aspects of Rachel and Leah in Malchut is because there are two aspects of G-d's Kingdom. One aspect is our acceptance of the yoke of his kingdom willingly and faithfully without the force of miracles, as stated, "Say Malchuyot before me in order that you coronate me as your King." This is the ultimate goal of our service of G-d and is termed Rachel. The second aspect is the revelation of His Kingdom by force of miracles as in the exodus from Egypt and as will be in the time to come. This aspect displays G-d's splendor, yet he is called, "Humble" for, "Wherever His greatness is, so is His humility." This is termed Leah. There are also two aspects of Zeir Anpin. Our adherence and acknowledgment of Gd's existence on the basis of faith, is termed Jacob - Yaakov, that is, that we recognize and believe that G-d is the source of all reward and punishment,

---

[2] גמרא מגילה לא ע"א

though it is not readily apparent. The second aspect represents the revelation of G-d as the source of everything, and is termed Israel - Yisrael. The essential quality in Zeir Anpin is that of - Yisrael - revelation, while the essential aspect in malchut is that of Rachel - acceptance.

[קמו] וידוע שאברהם אבינו תיקן מדת החסד, ויצחק מדת הגבורה, ויעקב מדת התפארת, ההנהגה הממוצעת. לכן נקרא לפעמים גם כן החסד אברהם, והגבורה נקרא לפעמים יצחק, והתפארת שהיא ההנהגה הממוצעת, נקרא לפעמים ישראל ויעקב בחינות הנ"ל,)ועיין זוהר ורעיא מהימנא אמור דף צ"ט וק'(. ובאשר בדור המדבר הייתה הנהגה נסית באופן אחר מיתר הזמנים, נקרא להנהגה ההיא בשם אחר - לאה דור המדבר.

חסד – אברהם.
גבורה – יצחק.
תפארת – יעקב וישראל.
מלכות – רחל ולאה.
הנהגה ניסית – לאה דור המדבר.

146. As is known, Avraham Avinu personifies the attribute of Chesed - Kindness, Yitzchak Avinu that of Gevurah - Judgment, and Yaakov Avinu, the median attribute of Tiferet - Mercy. Chesed is therefore sometimes termed Avraham, Gevurah is termed Yitzchak, and Tiferet is termed Yisrael or Yaakov. Since the generation of the exodus lived in a miraculous fashion, unique to history, the aspect of Leah is sometimes termed Dor HaMidbar - The generation of the Exodus.

[קמז] והנה הנהגת המלכות היא יותר דין מהנהגת הז"א, וכמו שכתבנו למעלה, שלכן נקראת נוקבא. והתחתונים, הם מתנהגים

על פי הרוב על פי הנהגת המלכות והז"א, שהוא הנהגת המשפט, מכל מקום הוא יותר זכות ממלכות, שהיא צדק (עיין אדרא זוטא דף רצ"א ורצ"ב). ונאמר גם זה על דרך שאמרו חז"ל: מתחלה[3] נברא העולם בדין, ראה שאין העולם מתקיים, שיתף עמו מדת הרחמים, וכמו שכתבנו לעיל, שזה תלוי בהזכות. לכן, אם התחתונים זוכים, משתתף הנהגת הז"א, שהוא רחמים בערך המלכות, עם המלכות, ואז טוב. אבל אם ח"ו מתפרד השיתוף, והעולם מתנהג על פי המלכות בלבד, אז העולם בדין ח"ו. וכמבואר בזוהר האזינו באדרא זוטא שם עיין שם.

147. The world is generally conducted through the attribute of Malchut which is more severe than Zeir Anpin. As such it is called Nukvah - Female, and represents an exacting Judgment. Zeir Anpin, which is the conduct of Justice, Represents a more lenient, merciful judgment. If the world is meritorious, Zeir Anpin joins with Malchut affecting Goodness. If not, Zeir Anpin seperates, and the world is conducted solely through the severity of Malchut. It all depends on Mans deeds. This is in accordance with the statement "The world was originally created with judgment. G-d, seeing that it would not withstand, added the quality of Mercy".

[קמח] וזהו עניין זיווג המוזכר בספרים, זיווג ז"א למלכות כנ"ל, היינו שיתוף הרחמים, והיינו, כשמתחלה משתתף הנהגת החכמה והבינה להנהגת הז"א, וממילא נעשה הנהגת המשפט של ז"א ממוזג ברחמים. ואחר כך ישתתף הז"א עם הנהגת המלכות, ואז יהיה חסד וטוב בעולם.

---

[3] פירוש רש"י על בראשית א א - ברא אלהים, ולא אמר ברא ה'. שבתחילה עלה במחשבה לברואתו במידת הדין, ראה שאין העולם מתקיים, הקדים מידת רחמים ושיתפה למידת הדין. היינו דכתיב - ביום עשות ה' אלהים ארץ ושמים".

148. This is the matter of Zivug - Joining mentioned in Kabalistic literature such as the Zivug -joining of Zeir Anpin to Malchut, that is, the superaddition of the mercies of Zeir Anpin to the Judgment of Malchut. This is accomplished through the prior joining of the conducts of Chochmah and Binah with those of Zeir Anpin. As a result, Zeir Anpin gains a greater degree of Mercy and in turn joins with Malchut affecting kindness and goodness towards the world.

[קמט] והנה, הנהגת המלכות, בזה נכלל שיתפרסם מלכותו בעולם, ושמו הגדול יתקדש בעולם. הנה, לפי מה שנתן הבחירה לבני האדם, זה יש בידם ותלוי במעשיהם, לקבל עול מלכותו באהבה, ולעבדו כראוי, ולקדש שמו ושיתפרסם שמו לטובה. ועל ידי מעשיהם, גורמים תיקונים בכל העולמות. ועל ידי זה ישרה שם שכינתו וקדושתו, וממילא הנהגת המלכות תתגלה ותהיה באופן היותר טוב. אבל אם ח"ו להיפך, הוא להיפך. לכן נאמר בדרך משל, שזיווג וחיבור הז"א עם הנוקבא, היינו מדת הרחמים שהוא ז"א, עם מדת הדין שהיא המלכות, תלויה לפי מה שהיא על ידי מעשה התחתונים (ועיין בספר קל"ח פתחי חכמה מן סימן קל"ו עד קל"ח עיין שם). ונקראו העולמות ענפי המלכות, ונקרא שהיא מתוקנת על ידיהם וכנ"ל.

149. Included in the function of Malchut is to manifest G-d's Kingdom in the world & to sanctify His great name. Since Man was given free choice, it is his responsibility, through his deeds, to lovingly receive the yoke of G-d's Kingdom and properly serve him, thereby Sanctifying & Glorifying His name. This causes rectification throughout all worlds and draws down G-d's Shechinah - Presence and Sanctity in them, thus bringing about the optimal revelation of His Kingdom. The reverse is true if man acts rebelliously. In this respect, all worlds may be considered branches of Malchut, since it reveals G-d's Kingdom which is G-d's ultimate goal in creation. This is accomplished through the Union between the mercies of Zeir Anpin & The Judgment of Malchut (Nukvah) and is determined by the deeds of man.

[קנ] וכן ביתר ההנהגות, מוזכר גם כן עניין זיווג, היינו עניין חיבור הרחמים והדין. שמהנהגה הראשונה התחיל חיבור מ"ה וב"ן, היינו שיתוף הרחמים והדין, ומשניהם יצא התולדה, היא ההנהגה האחרת המשותפת משניהם. וכמו שכתב בהגהה שבריש נפש החיים דף ז', וזה לשונו: זיווגים - מודעת שהוא רק משל על חיבור עניינים רוחניים, כעניין אדם המחבר תחלה בשכלו שתי סברות בשכל, ומחיבור שתי הסברות נולד לו סברה חדשה, על פי הקדמות שני הסברות הראשונות, עד כאן לשון שם. והוא על דרך הנ"ל (ועיין קל"ח פתחי חכמה מסימן ס' עד ס"ו, וסימן ע"ג עיין שם).

150. The principle of Zivug - Union implies a joining of a conduct of Mercy with one of Judgment, and represents the Union of the names of 45 & 52. As such, Zivug is not limited to Zeir Anpin and Nukvah but applies to other conducts as well. 150b. The joining of two conducts results in a third median conduct which though a synthesis of the two, is uniquely different from them. [for example, Oxygen with Hydrogen is water] This Concept is explained in Nefesh HaChaim, "Concerning the concept of Zivug; certainly, it is to be taken allegorically and alludes to union in spiritual terms. It is similar to a

person who combines two Ideas in his mind arriving at a third.
Though a synthesis of the two, it is never the less new and different.

[קנא] עוד יתבאר עניין זיווג המוזכר, על פי המבואר בנפש החיים שער ב' בארוכה, שעיקר הכל תלוי לפי התחברותו יתברך עם העולמות שברא, והתגלותו עליהם, או ח"ו התרחקותו מהם, והסתר פניו מהם ח"ו. וכל זה לפי זכות התחתונים, וכמו שהאריך שם)ובשער א'(.

151. The basis of Zivug is the revelation and connection of the Creator to His worlds or the lack thereof, all of which depends on the deeds of Man.

[קנב] והנה, העולם הראשון מהנבראים, והעליון, הוא עולם הבריאה, וכמו שיתבאר בס"ד. וכתב הגר"א ז"ל בספרא דצניעותא פ"ד ד"ה כד נחית כו', בזה הלשון: ועולם הבריאה בכללה, הוא נוקבא לעולם האצילות כו'. וכתב שם עוד, שעל ידי חטא האדם כו' עיין שם, וכן למעלה נתפרדה הבריאה מאצילות, וזהו הפירוד דמטרוניתא מבעלה, בכמה מקומות בזוהר ותיקונים כו' עד כאן לשון הגר"א ז"ל עיין שם. וכתב במקום אחר שלכן נקרא הבריאה מטרוניתא, לפי שהוא העולם העליון והראשון מהנבראים והנפרדים. ולכן נקרא אֵם, שמטרוניתא, פירושו, אֵם בלשון תרגום. ועל דרך הנ"ל הוא הזיווג כביכול, וכמו שמורגל במקרא גם כן לקרות להשם יתברך הבעל, וכנסת ישראל לשון נקבה, לפי שהם המקבלים, ועל דרך הנ"ל, והכל לפי העניין.

152. There are four spiritual Worlds: Emanation:
    Atzilut Creation.
    Briah Formation.
    Yetzirah Action.
    Asiyah Doing.

The first and highest of the created worlds is Briah, since Atzilut, being an emanation of G-d is in a sense an extension of Him. The world of Briah is Feminine relative to Atzilut. Before the sin of Adam, the two were in a state of Zivug, which is the union of the Male & Female aspect, in which the one gives & the other receives. Adams sin resulted in their separation. This is the meaning of the statement in the Zohar that the Matronita separated from her husband. 152b. Briah is called Matronita - Mother since it is the highest and first of the created worlds which issue from her. Similarly, the Torah often compares the relationship of G-d and the Jewish people to that of Man and Wife. 1 Chochmah corresponds to Atzilut, Binah corresponds to Briah, Zeir Anpin corresponds to Yetzirah, Nukvah corresponds to Asiya.

[קנג] והנה, למען יהיה חיבור ושיתוף הרחמים להדין, או חיבור השם יתברך להעולמות, נצרך לזכות מלמטה, ועל ידי זה יבוא החיבור וגם ההשפעה מלמעלה. וכמו שכתוב: אמת[4] מארץ תצמח כו', גם[5] הוי"ה יתן הטוב כו'. ונקרא הזכות וההתעוררות הבא מלמטה מיין נוקבין. **מים**, פירוש חסד, ונוקבא הוא המקבל כנ"ל. וְההשפעה הבאה על ידי זה נקרא מיין דכורין. פירוש, החסד הבא מן המשפיע, שנקרא זכר, וכנ"ל.

153. The union and joining of Mercy with Judgment, or the connection of G-d with the worlds, depends on and is initiated by the merits of Mankind. This union in turn causes a precipitation of influence from above, as scripture states, "Truth sprouts from

[4] תהלים פה יב
[5] תהלים פה יג

the earth (i.e. from below) and G-d will give goodness (i.e. responding from above)". The merit and awakening from below is called Mayim Nukvim - Feminine Waters whereas the influence from above which follows, is called Mayim D'Churin - Masculine Waters.

[קנד] ועולם הבריאה עם יצירה ועשיה, שהוא מטרוניתא הנ"ל, נקרא גם כן לפעמים מלכות[6], ועיין ספר מגיד מישרים פרשת דברים, מה שכתב על כל מה שכתב בעל המחבר ספר שערי אורה, בעניין המלכות עיין שם.

154. The world of Briah which is the Matronita is sometimes called Malchut.

[קנה] וכתבנו למעלה שהמלכות לפעמים במצב לא טוב, ששכינתו מסתלקת מתחתונים, ואז נקרא שהיא רק כנקודה אחת. ולפעמים, כשמלכותו מתגלה בכל התרי"ג חלקי הבריאה, אז נאמר שהיא פרצוף שלם לכל תרי"ג, וכמו שכתבנו לעיל, לכן יש באדם גם כן בזה רמזי עטרת הברית, הוא רמז למלכות כשהיא במדרגה הקטנה וכנ"ל, וכמו שכתבנו לעיל. וגם היה רמז בבריאת אדם הראשון, שהייתה אישה דבוקה מאחוריו, הוא רמז על הנהגת המלכות כשמתפשטת לכל חלקי הבריאה, ונקראת פרצוף כנ"ל. וכן בעניין מה שהיה באדם הראשון, שמתחלה הייתה עמו מאחוריו, ואחר כך ננסרה ממנו להיות בפני עצמה, ובאה אחר כך אליו פנים בפנים כו', יש בזה רמזים הרבה בסתרי ההנהגה.

[6] **רחובות הנהר ד"ב ע"א** – אמנם צריך להבין מה שכתב הרב ז"ל, כי בכל פרצופי אבי"ע היה מקרה המלכים ההוא. איך אפשר שהמקרה ההוא היה בבי"ע, והלא שלושה עולמות בי"ע אינם עולמות גמורים כמו עולם האצילות, **כי אינם אלא התפשטות כוחות הנוקבא דאצילות, וחייליה, וצבאיה**, וכולם בחינת נוקבא, ואין בהם דכורא כלל, כמו שכתוב במבוא שערים ש"ב ח"ג פ"ח, וכמו שנבאר בע"ה. וכל קיומם והעמדתם, הוא בכח שארית בירורי הכלים ורפ"ח אורות דמלכים דאצילות, וכשיושלמו להתברר כל הבירורים, אז נאמר - הנה ישכיל עבדי ירום ונשא וגבה מאד. ואז השמים כעשן נמלחו, והארץ כבגד תבלה

גם יש בזה רמז להמטרוניתא הנ"ל, שהוא עולם הבריאה הנ"ל. וכן באשתו של אדם הראשון יש רמז למטרוניתא הנ"ל, שהוא עולם הנפרדים וכנ"ל. (ועיין בכללי חכמת האמת להרבי משה חיים לוצאטו ז"ל, שנדפס סוף ספר מלחמת משה, ד"ה עניין אחור באחור ופנים בפנים והנסירה כו', ועיין קל"ח פתחי חכמה סימן קל"ה עיין שם).

155. When as a result of Man's deeds Malchut is in a diminished state and the Shechinah is concealed from Mankind, it is similar to a solitary point. Conversely, when the Shechinah is revealed throughout the 613 components of creation, Malchut is considered to be a complete Partzuf - Stature comprising 613 parts. There are several aspects in man that correlate to the various states of Malchut. The Glans alludes to Malchut in its diminished state. 155b. The state in which Adam and Eve were originally attached to each other back to back, alludes to Malchut in a fuller state affecting the entire creation as a Partzuf - Stature. Their separation and relating face to face as well as their previous state of attachment parallel the union and separation of the world of Briah - Matronita which is the world of separation - Olam HaPirud with that of Atzilut. Furthermore, there are many profound concepts which are alluded to in these matters.

פרק ח'
Chapter 8

פרק ח

בו יבואר חלוקות ההנהגות עד הנצחיות, ואדם קדמון, וענפיו, ואח"פ, ועולם עקודים, וצמצום, וקו. ובו כ"ו סעיפים.

Within which is explained the stages of conduct until eternity, Adam Kadmon and his Branches, and the emanations of his ears, nose, and mouth, the world of Bundles, Tzimtzum, and the Ray.

]**קנו**[והנה, כפי חלקי ההנהגות כן המה גם כן חלוקת הזמנים. וששת אלפים שנה של עולם הזה, עיקר הנהגתם הם הנהגות ששה ספירות חג"ת נה"י כסדר. ואלף הששי הוא יסוד ומלכות, כמו שהאריך בזה הגר"א ז"ל)בפירוש ספרא דצניעותא פרק א, עיין שם ד"ה מלך השמיני הדר וכו'(. והנהגת עולם הבא בכלל, הם הנהגת שלושה ראשונות, וכמו שכתב הגר"א ז"ל)סוף ספר ספרא דצניעותא בליקוטיו(.

והנה.....

האלף השביעי יהיה הנהגה יותר עליונה משל ימות המשיח, וכמו שכתוב: מזמור[1] שיר ליום השבת וכו', שכולו[2] שבת ומנוחה לחיי העולמים)עיין אבות דרבי נתן פרק א', ועיין סנהדרין צ"ב ב', שהקב"ה עושה להם כנפים עיין שם, ועיין קל"ח פתחי חכמה סימן מ"ט הבחנה י"ג(.

ואלף השמיני, הנהגה עוד יותר עליונה, וכמו שאמרו: שהקדוש[3] ברוך הוא מחדש בהן את עולמו אחר שבעת אלפים שנה.

ואלף התשיעי, עוד הנהגה יותר עליונה.

ואלף העשירי, הנהגה עוד יותר עליונה, עד סוף האלף העשירי, שאז יתחיל הנהגת הנצחיות הטוב התכלית לעד ולנצח נצחים.

---

[1] תהלים צב א

[2] משנה תמיד ז ד

[3] גמרא סנהדרין צג ע"ב

והנה, גם מאלף השביעי והלאה נקרא בחינת נצחיות, שלא יהיה מיתה עוד (כן כתב בספר קל"ח פתחי חכמה סימן צ"ג). אבל עיקר הנצחיות נקרא כאן אחר אלף העשירי (עיין קל"ח פתחי חכמה שם).

156. There are two general stages in time; This world - Olam HaZeh and the World to Come - Olam HaBah. This world will endure six millennia corresponding to the divine conducts, Chesed, Gevurah, Tiferet, Netzach, Hod, and Yesod, in that order. The era of Moshiach, which ushers in the periods of Malchut is a transitional stage. It will begin during the latter part of the sixth millennium (and will conclude with the resurrection of the dead). The seventh millennium marks the beginning of the world to come and corresponds to Malchut. It will be of a higher order than the preceding six. During this stage the world ceases to exist in its present form and will be in a state of desolation for 1000 years, as scripture states "A song for the day of Sabbath". That is, a Sabbath of eternal rest. During this period the righteous will hover over the world like the ministering angels. The eighth millennium, corresponding to Binah will be higher still and represent the renewal of the world and the final and eternal resurrection, as stated "The Holy One Blessed Be He will renew His world after the seventh millennium". The ninth and tenth millennia correspond to Chochmah and Keter and represent higher levels. The conclusion of the tenth millennium marks the beginning of the eternal conduct which transcends time, and represents the ultimate goodness. However, since death ceases from the seventh millennium on, these stages are also considered to be aspects of the eternal conduct.

[קנז] והנהגת הנצחיות שאחר אלף העשירי, אין לנו שום השגה בהם, והיא תכלית הכל. ונקרא להנהגת הנצחיות ההיא שם בפני עצמו, בשם אדם קדמון. לפי שההנהגה כוללת על כל תרי"ג חלקי הבריאה, לכן נקרא אדם. ונקרא קדמון, לפי שהיא ראשונה במעלה, וראשונה ועיקר – כי כל ההנהגות שיהיו עד אז, הכל המה אך הכנות להנהגת הנצחיות הנ"ל. והיא העיקר, וסוף מעשה במחשבה תחלה, והיא ברצון הראשונה.

157. The eternal conduct, following the conclusion of the tenth millenium is totally beyond our comprehension. It is the culmination and ultimate purpose of all creation and is called Adam Kadmon - Primordial Man; Adam - Man, because it embodies and fulfills all 613 components of creation and is therefore a full stature. Kadmon - Primordial, because it is Gd's original and essential intent in the creation of the world, all other conducts being merely preparatory to its fulfillment as stated "The last deed was first in thought".

[קנח] וכתבנו למעלה, שכל ההנהגה, שהיא רק הכנה להנהגה שאחר כך, שלפי שרצה בהנהגה המאוחרת, לכן הקדים את ההנהגה של זמן ההכנה, נקרא שהנהגת זמן הכנה נשתלשל מן ההנהגה אחרונה, והיא ענף ממנה. ולכן, נאמר שכל ההנהגות מתחלה עד סוף אלף העשירי, כולם הם ענפים ומשתלשלים מן ההנהגה שנקרא אדם קדמון הנ"ל)כל הנ"ל נלמד מכמה מקומות בספר קל"ח פתחי חכמה, ובספר פתחי חכמה ודעת דף כ"ד, עיין שם(.

158. Any intended conduct which is preceded by

one or more preparatory ones is considered to be their cause. Therefore, all conducts from the beginning of creation to the conclusion of the tenth millennium are considered to be caused by and branches of Adam Kadmon.

[קנט] וכל ההנהגות עד אז לפי הזמנים, הם סך הכל ששה: אלף העשירי, והתשיעי, והשמיני, והשביעי, הרי ארבעה הנהגות. והנהגת עולם הזה – אמרנו לעיל שהם שנים. היינו, שמתחלה יצאה בבחינת שם ב"ן - הדין הגמור שנקרא עולם התוהו, ועולם הנקודים. ואחר כך שיתף הרחמים, שהוא שם מ"ה הנ"ל, ונעשה עולם התיקון הנ"ל. ושני הנהגות אלה, עם הארבעה הנ"ל, הם ששה. וכולם נקראו ענפים, שנשתלשלו מן הנהגה שנקרא אדם קדמון הנ"ל. (ועיין ספר מלחמות משה דף י"ב, ע"ד, וביאור הגר"א ז"ל על ספרא דצניעותא פרק ה' ד"ה יוד בלחודאי שיתנהג עד עשר אלף שנין עיין שם).

159. Within the framework of time, there are six basic stages or branches. The first stage was the creation of the world through the name of 52-Ban, representing strict judgment. This was also the world of Tohu - Chaos or Nekudim - Points. The second stage was the introduction of the name 45-Mah representing mercy. This is the world of Tikkun - Repair. The last four stages are the seventh through tenth millennia of the world to come. All these stages are branches of Adam Kadmon.

[קס] וכתבנו למעלה בפרק ג' סעיף יו"ד וי"ז, שהם ארבעה שמות: ע"ב, ס"ג, מ"ה, ב"ן, ונקרא גם כן: טעמים, נקודות, תגין, אותיות. ולכן נאמר שהנהגת אלף העשירי, הוא בחינת שם ע"ב, ונקרא טעמים. שלשה הנהגות, אלף התשיעי והשמיני והשביעי, הם בחינת שם ס"ג, שנקרא נקודות. והנהגות עולם הזה - הדין,

והתיקון - הם מ"ה וב"ן כנ"ל)כן כתב בספר פתחי חכמה ודעת דף כ"ד(.

160. The four expansions of the name - Y-H-V-H correspond to the elements of Torah Script and the millennia as follows:

AV-72
SAG-63
MAH-45
BAN-52

Taamim – Cantillations Nekudim – Vowels Tagin – Crownlets Otiyot – Letter Tenth Millennium Ninth, Eighth, and Seventh Millennium Tikkun Tohu.

]קסא[ושלשת ההנהגות, אלף התשיעי והשמיני והשביעי, שנקראו ס"ג, נקודות - נחלק לשלשה בחינות. והיינו, שלעיל כתבנו שכל אחד מהנ"ל נחלק עוד לארבעה, ונקראו בשמות הללו. בדרך משל: ס"ג ונקודות נקראו טעמים דנקודות, נקודות דנקודות, תגין דנקודות, אותיות דנקודות. ולכן, ס"ג הנ"ל נחלק לבחינת והנהגות שלושב אלפים הנ"ל - נקרא שהם טעמים דנקודות, או נקראים טעמים דס"ג, ובחינות הנשארים דס"ג, המה משתתפים להנהגת העולם הזה. לכן נקרא שם ב"ן עולם התוהו הנ"ל, עולם הנקודים, היינו, נקודות דס"ג הנ"ל. והטעמים נחלקים לשלשה מדרגות, ונקראו: טעמים עליונים, טעמים אמצעים, וטעמים תחתונים, לפי שגם בטעמים של ספר תורה יש טעמים הרשומים למעלה מן האות, וטעמים הכתובים בצד האות, כמו פסיק וכדומה, וטעמים שהם תחת האות.

161. As previously stated each of the four expansions of Y-H-V-H have lower subdivisions which correspond to the four elements of Torah script. AV is divided into the cantillations, vowels, crownlets and letters all of which pertain to the tenth millennium. In SAG, cantillations which is the first of its four subdivisions, corresponds to the ninth, eighth and seventh millennia as follows: The upper cantillations (those appearing above a letter) correspond to the ninth millennium. The middle cantillations (those appearing next to a letter such as a "Sof Pasuk") correspond to the eighth millennium and the lower cantillations (those appearing under a letter) correspond to the seventh millennium. The remaining three subdivisions which are the vowels, crownlets and letters of SAG join with and influence this world, i.e., the names of MAH - 45 and BAN - 52. The four subdivisions of MAH – 45 correspond to Tikkun, and the four subdivisions of BAN - 52 correspond to Tohu.

]קסב[ונאמר לפי זה, ששלוש אלפים, שהם התשיעי והשמיני והשביעי, שהם בחינת ס"ג, המה:
אלף התשיעי - טעמים עליונים דס"ג,
והשמיני – טעמים אמצעים דס"ג,
ואלף השביעי – טעמים תחתונים דס"ג.

162. Since the ninth, eighth and seventh millennia correspond to the upper, middle and lower cantillations they are sometimes alluded to by these terms.

]קסג[ובאשר הששה הנהגות הנ"ל המה ענפים מהנהגה שנקרא אדם קדמון כנ"ל, נאמר בזה עוד דרך משל, לשׂבר את האוזן, ונקרא להם שם - בדברים שיש בראשו של אדם מקומות שיוצא ממנו הארה לחוץ, והמה בדרך משל לשׂבר את האוזן. והנה בהנהגת אלף העשירי - ע"ב הנ"ל, אין לנו שום השגה לדבר. ונאמר בדרך משל, שהוא כמו גולגולת שבראש הסתום,

ובשערות שלו. ולהנהגת הנשארים, הנה יש חמשה דברים באדם שניקח אותם למשל, והם: ראיה⁴, שמיעה, ריח, דיבור, או הארת עין, אוזן, חוטם, פה. וגם במצח יוצא לפעמים הארה, כמו שהיה במשה רבינו עליו השלום, שהיה קרן אור בפניו. או כמו שכתוב במדרש בפנחס, כשרוח הקודש שורה עליו, היה פניו מאיר כלפידים, ונקרא הארת המצח. (עיין קל"ח פתחי חכמה סימן ל"א עיין שם).

163. The six above mentioned conducts are branches of Adam Kadmon. They are allegorically called after those areas of the head from which influence emanates. Because the conduct of AV (the tenth millennium) is above comprehension it is allegorically compared to the skull (which is sealed), and its hair. The remaining conducts correspond to five areas of the skull from which influence emanates. They are: the eyes – sight the ears – hearing the nose – smell the mouth - speech. Under special conditions, influence may emanate from the forehead, which constitutes the fifth area, such as the rays of light which emanated from the forehead of Moshe Rabbeinu, or as is stated in Midrash concerning Pinchas that during a state of divine inspiration his face shone like flames of fire. The hair comes out from the skull, which is sealed, yet originates in the brain, though its connection with the brain is not physically apparent.

[**קסד**] לכן, בדרך משל, נחלק הענפים הנ"ל - החמשה הנהגות הנ"ל באופן זה:

---

⁴ **ע"ח ש"ג פ"א** – וזה הא"ק נחלק לאלפים ולרבבות עולמות ותחילת התחלקותו הם ארבעה עולמות הנקרא - **ראיה שמיעה ריחא דיבור**.

הנהגת אלף התשיעי - הוא בחינת שמיעה ואוזן.
הנהגת אלף השמיני - בחינת ריח וחוטם.
הנהגת אלף השביעי - בחינת דיבור ופה.
הנהגת הדין של שם ב"ן הנ"ל של עולם התוהו - בחינת ראייה ועין.
הנהגת השם מ"ה שניתוסף אחר כך - שיתוף הרחמים ועולם התיקון - הוא בחינת הארת המצח הנ"ל, לפי שהוא בא בתוספות וכנ"ל.
כל הנ"ל הם ענפי הנהגה שנקרא אדם קדמון. ונקראו בשמות הנ"ל בדרך משל, וכמו שמפורש בעץ חיים ריש שער אח"פ, שהוא רק משל לשׂבר את האוזן, עיין שם.

164. These five branches or conducts which emanate from Adam Kadmon may therefore be ordered as follows; The ninth millennium corresponds to the ears and hearing. The eight millennium corresponds to the nose and smell. The seventh millennium corresponds to the mouth and speech. The name of 52-Ban which is World of Tohu and the conduct of Judgement, corresponds to the eyes and sight. The name of 45-Mah which is the world of Tikkun and the conduct of Mercy, corresponds to the radiance of the forehead. 7 Just as the radiance of the forehead is a supernatural occurance and is not part of the essential nature of a human being, so too the influence of Mercy was superadded to the primary nature of the world, which is Judgement.

[קסה] העולה מהנ"ל, שההנהגות הזמניות, שהם ענפי ההנהגות הנצחיות שנקרא אדם קדמון הנ"ל, המה נקראו בסדר זה בקיצור.
הנהגת אלף העשירי - ע"ב הכולל, טעמים הכולל - הוא נעלם כמו שערות מהגלגולת.

הנהגת אלף התשיעי - ע"ב דס"ג, בחינה ראשונה, טעמים עליונים דנקודות - שמיעה, אוזן.
הנהגת אלף השמיני - ע"ב דס"ג, בחינה שניה, טעמים אמצעים דנקודות - ריח, חוטם.
הנהגת אלף השביעי - ע"ב דס"ג, בחינה שלישית, טעמים תחתונים דנקודות - דיבור, פה. הנהגת דין של עולם הזה - שם ב"ן הכולל, אותיות הכולל - ראיה, עין. הנהגת שיתוף רחמים - שם מ"ה הכולל, תגין הכולל - הארת המצח.

165. We see from this that the temporal conducts which are branches of the eternal one of Adam Kadmon may therefore be catagorized in this fashion: Tenth Millenium - General name of 72 - General cantillations - above comprehension Ninth Millenium - Name of 72 of 63 first aspect - upper cantillations of vowels - hearing - ears Eight Millenium - Name of 72 of 63 second aspect - middle cantillation of vowels - smell - nose Seventh Millenium - Name of 72 of 63 third aspect - lower cantillation of vowels - speech – mouth Judgment of this world - General Name of 52 - General Letters - Sight - Eyes The superaddition of Tikkun to this world - General name of 45 - general crownlets - Radiance of the Forehead.

[**קסו**] הנהגת אלף השביעי הנ"ל, שנאמר על זה בגמרא: הקדוש[5] ברוך הוא עושה להם כנפים כו', שיהיה אז הרוחניות יותר, אבל מכל מקום, לא יהיה עוד חידוש העולם החדש. לכן נדרש בהנהגת אלף ההוא, שנקרא פה כנ"ל, שיש שם בחינת כלי אבל פחות, שיהיו עשרה ספירות אורות, ורק כלי אחד, וכמו שכתבנו למעלה

---

[5] סנהדרין צב ע"ב

בעניין אור וכלי. גם נדרש שם התפשטות וסילוק, שנקרא מטי ולא מטי, וגם נקרא עולם העקודים.

166. Gemara, Sanhedrin states that in the seventh millennium the, "Holy One Blessed Be He will make wings for the Righteous". Though this will be a period of great spirituality, the world will not yet be renewed. This stage is called the World of Akudim - The Bundled World, in which the lights of all ten Sefirot are bundled together in only one vessel comparable to a mouth. [These lights emanate from the "mouth" of Adam Kadmon.] The concept of the spreading forth and withdrawal of the lights which is called "Going and not Going" (Mati V'Lo Mati - מטי ולא מטי) also applies to this level.

[קסז] אבל בהנהגות של יתר האלפים, לא נדרש שם כלי כלל, מה שיהיה אחר אלף השביעי, שאז יחדש הוי"ה עולמו.

167. However in regard to the remaining millennia (eighth, ninth and tenth) in which G-d renews his world, only lights exist and there is no concept of "vessels" whatsoever.

[קסח] עולם התיקון נקרא עולם הברודים. ולכן הם כסדר:
אלף השביעי – שהוא עולם העקודים,
עולם התוהו – עולם הנקודים כנ"ל,
עולם התיקון – עולם הברודים. ולפי סדר הזמן, הוא מהופך ממה שהוא לפי הנדרש לפי המעלות וכנ"ל, שסוף מעשה במחשבה תחלה (ועיין זאת בספר מלחמת משה, דף י"ב, ע"ג וע"ד), שמתחלה נדרש ההנהגות העיקריות, ואחר כך נדרש ההנהגות שהם הכנות להם.

168. The world of Tikkun is called the world of "Streaks" (Olam HaBrudim). Since the intended goal of creation is to achieve Olam Habba - The world of Akudim, conceptually the order of these stages is Olam Adudim, Nekudim and Brudim. However in order to bring this about the order in time is reversed so that the world of Tohu (Nekudim) precedes that of Tikkun (Brudim) which precedes and brings about G-d's ultimate intention Olam Habba (Akudim). This is in keeping with the statement "The first in thought is the last in deed".

[**קסט**] והנה, הנהגת הנצחיות הנ"ל, שפניו נקרא אדם קדמון, נדרש בו גם כן חלוקת עשר ספירות. וספירת המלכות של ההנהגה הזאת, שהיא חלק העשירית, היא הנהגה בפני עצמה, ונקראה בשם בפני עצמו - נקרא עתיק, ונקרא רישא דלא אתיידע.

169. Adam Kadmon which is the eternal conduct, also possesses ten sefirot. Malchut of Adam Kadmon is considered to be a distinct partzuf - Stature and is called Atik - Ancient or Reisha D'Lo ItYada - The Unknowable Head.

[**קע**] והנהגה הזאת, הוא המעבר מן הנהגת הזמן אל הנהגת הנצחיות, עיין ביאור זאת בקל"ח פתחי חכמה (סימן צ"ז צ"ח צ"ט). והיינו, שכל ההנהגות של מעשה המצות בעולם הזה, עושים פעולות ותיקון. ומקיבוץ כל התיקונים של עכשיו שנעשה ברוחניות על ידי ההנהגות של זמנים אלו, יהי מסודר אחר כך ההנהגה בנצחיות. כי כל המעשים שנעשו, נשאר תיקוניהם קיימים, ונרשמים הדברים. ובסוף כל הסיבוב יהיה התיקון השלם על פי כל מה שנעשה. וכדי שיוכלו המעשים של עתה לעשות פעולה בנצחיות שאחר כך, צריך לזה מדרגה אחת

באמצע, נוטלת המעשים בעולם הזה, ומביאה אותם להיקבע על פיהם, עניני עליות להנצחיות. וההנהגה הזאת נקרא, המעבר מן הזמניות אל הנצחיות)ועיין כל זה באריכות בקל"ח פתחי חכמה סימן ע"ח צ"ז, ועיין עוד שם בסימן ע"ט, פ"ז, צ"ח, צ"ט עיין שם(.

170. The fulfillment of every Mitzva leaves an eternal impression and is established for ever. The culmination of all the Mitzvot, will cause complete repair and absolute perfection - The Eternal Conduct. Atik is the link between the temporal and the eternal. It uplifts the deeds of this world and establishes them for eternity.

]קעא[גם נאמר, שהמלכות דאדם קדמון הנ"ל מתלבשת בהנהגת הכתר, שהנהגת הא"ק ומלכות דא"ק, שהוא הנצחיות, הוא יותר חסד ורחמים, ועל דרך התלבשות שזכרנו למעלה, החסד בבחינה שלמטה.

171. Malchut of Adam Kadmon, i.e. Atik, is enclothed within the conduct of Keter (Arich Anpin). Through this the absolute Chessed of Adam Kadmon becomes the inner, guiding force of Arich Anpin. The seven lower sefirot of Atik become enclothed within Arich.

]קעב[וכתבנו למעלה, שבכתר שבכתר יש שבעה תיקונים שנקראו תיקוני דגלגלתא. והם נעשים על ידי הנהגת העתיק ורישא דלא אתיידע הנ"ל, שמתלבש בו. והיינו השבעה תחתונות של מלכות דא"ק הנ"ל - חג"ת נהי"ם שלו - מתלבשים בשבעה תיקונים הנ"ל, כמבואר זאת בעץ חיים שער א"א פרק ב', ובביאור הגר"א על ספרא דצניעותא פרק א', מבואר זאת באורך בקצת שינוי ממה שכתב בעץ חיים עיין שם,)ועיין קל"ח פתחי

חכמה סימן ק"ב, עיין שם(. וכן מתלבש העתיק הנ"ל, גם ביתר בחינות האצילות ועניין התלבשות כבר נתבאר לעיל, וכן כתב הגר"א ז"ל שם, ובעץ חיים פרק ז עיין שם. וכתבנו למעלה שנדרש תלת רישין בכתר. ולפעמים נדרש רק תרין רישין בכתר, ועם רישא דלא אתיידע הנ"ל, נחשב שלושה רישין. והם: רדל"א הנ"ל, וגלגלתא, ומוחא, שנקראו רישין דכתר, וכמו שכתבנו למעלה)ועיין קל"ח פתחי חכמה סימן צ"ו, ק"ב עיין שם(.

172. As previously mentioned there are seven repairs of Keter of Keter called Tikunei D'Galgalta - the seven repairs of the skull. These arise from the conduct of Atik through the enclothing of its seven lower sefirot within Arich. As a result, Atik is enclothed within the whole of Atzilut.

]**קעג**[ובדרך כללות האצילות, נחשב העתיק, והארך אנפין, שניהם שני בחינות שבכתר. וכשמתנהג כביכול בהנהגת שניהם, נקרא עתיקא קדישא. וכמו שכתבנו למעלה, שנקרא כביכול על שם פעולותיו. ועניני אדם קדמון שזכרנו למעלה, נקראו בספרי הראשונים צחצחות.

173. When considering the world of Atzilut in general, Atik and Arich are not differentiated from each other but act together as aspects of Keter of Atzilut. As such, they are called Atika Kadisha since "He is called according to his deeds", as mentioned above. Early Kabalistic literature refers to Adam Kadmon as Tzachtzechut - The Brilliant World.

]**קעד**[והנה, כל ההנהגות שבכל העולמות, לפי ערכנו המה, בגבול ותכלית. היינו, העולמות הנודעים לנו, אף על גב שהשם יתברך הוא כל יכול, והיה יכול לברוא עולמות גם בלתי גבול,

אבל לא רצה. רק בחר לו כביכול, לעזוב במקום זה הנהגת הבלתי תכלית, ולברוא עולמות בעלי תכלית.

174. In so far as all the conducts of all the worlds are relative to this world, they have bounds and limitations. Even though G-d in His omnipotence could have created boundless worlds, He did not desire this, but rather chose to set aside His infinite power within creation and create finite worlds.

[**קעה**] והנה, לעיל כתבנו שהשם יתברך נקרא על שם פעולותיו, וכשמשתנה פעולתו, אז נאמר בדרך משל שנסתלק שם זה ממקום זה. וכן כאן, כשהוא מתנהג בפעולותיו לברוא ברואים בלתי תכלית, אז היינו קוראים אותו אין סוף. וכשעלה ברצונו יתברך לברוא העולמות שהם בגבול, נקרא בדרך משל שנסתלק הא"ס ממקום הזה, ונתן מקום להעולמות, שהם בגבול ותכלית, ורק הניח רושם מהנהגתו. אבל לפי ערכנו, הרושם הוא בתכלית. וזה נקרא בדרך משל: צמצום אין סוף ב"ה. וזה ההנהגה גורמת דין. שאם הייתה בלתי גבול, היה גם הטוב בלתי גבול (ומבואר כל זה בקל"ח פתחי חכמה, מסימן כ"ד וכ"ו באריכות עיין שם). ומכל מקום, שיתף גם מדת הרחמים, ונקרא קו אחד מבחינתו הטוב הכניס ברשימו הנ"ל, ומזה נסדר כל דרכי הנהגותיו (ועיין נפש החיים שער ג' מפרק ז' והלאה, מבאר באורך עניין צמצום וקו עיין שם).

175. As mentioned previously, G-d is named according to His actions, therefore when his conduct changes, His name changes accordingly. This is allegorically described as one name being withdrawn and replaced by another. Thus, when G-d acts in a limitless fashion he is called Ayn Sof - The Infinite. When it arose in His will to create limited worlds, it is allegorically considered that he withdrew His limitless conduct - Ayn Sof from that "Place" wherein those worlds were destined to be, thus giving them the possibility of existence. This is called Tzimtzum Ha'Ayn Sof Boruch Hu - The constriction of the limitless. This withdrawal of the infinite conduct, which is the ultimate goodness, resulted in a condition of severity - Din proportional to the degree of its withdrawal. However, the withdrawal was not absolute, but rather a residue - Reshimu of his previous conduct remained. G-d then drew into this residue - Reshimu a limited revelation of His goodness according to the capacity of the worlds to receive. This revelation is the attribute of Mercy and is called Kav - a "Ray" or "Thread". All the conducts came about through this Ray.

[קעו] וההנהגה הראשונה שנסדר מחיבור הקו והרשימו, הוא הנהגה שיהיה בנצחיות דווקא, אחר כל ההכנות שיהיו מקודם. והיינו הנהגת הנצחיות - שנקרא אדם קדמון, וכמו שכתבנו לעיל. וענפים שלו: ע"ב, ס"ג כמו שכתבנו לעיל. ואורות אוזן, חוטם, פה, וכמו שכתבנו לעיל. ואחר כך, הנהגת שם ב"ן, שנקרא עולם התוהו, עולם הנקודים. ואחר כך, הנהגת מ"ה – שיתוף הרחמים להנהגת הב"ן – ונעשה עולם התיקון, וכמו שכתבנו לעיל. ואחר כך, אחר התיקון, נסדר הכל כסדר העתיק הנ"ל, שהוא מלכות דא"ק, ותיקוני[6] הכתר - השבעה תיקונים, והי"ג תיקוני דיקנא שנתבארו לעיל. ואחר כך, עניני החכמה, שנקרא אבא וישראל סבא. ואחר כך, עניני הבינה, שנקרא אימא, ותבונה. ואחר כך, עניני השש ספירות חג"ת נה"י, שנקרא זעיר אנפין, ונקרא ישראל, וגם הנהגה שנקרא יעקב. ואחר כך, הנהגת המלכות,

[6] **ע"ח שי"ג פ"ו** – אמנם מציאת שבעת תקוני גולגלתא דא"א הנזכר בספרא דצנעותא הם כך. גלגלתא א'. טלא דבדולחא ב'. קרומא אוירא ג'. עמר נקא ד'. רעוא דרעוין ה'. פקיחא עלאה ו'. תרין נוקבין דפרדשקא, והוא חוטמא ז'.

הנהגה שנקרא רחל, והנהגה שנקראה לאה, הכל כמו שנתבאר למעלה. על זה הסדר הולך ומסודר ספר העץ חיים עיין שם.

176. All the divine conducts unfolded from this Ray in the following order:

1. Adam Kadmon - The Eternal Conduct;
2. His Branches - i.e.;
    A. AV - Skull & Hair
    B. SAG - Ears - Hearing, Nose - Smell, Mouth - Speaking (World of Akudim - Bundles)
    C. BAN - Eyes - Sight, The world of Tohu, The world of Points (Din - Judgment)
    D. MAH - Radiance of the Forehead, The world of Tikkun (The Joining of the conduct of mercy - MAH with Judgment - BAN.)
3. The world of Atzilut – Partzufim
    A. Atik - Malchut of Adam Kadmon
    B. Keter - Arich Anpin
        1. The Seven Repairs of the Skull (check)
        2. The Thirteen Repairs of the Beard.
    C. Chochmah – Abba (Yisroel Saba - Malchut of Abba)
    D. Binah – Ima (Tevunah - Malchut of Ima)
    E. Zeir Anpin - Chessed, Gevurah, Tiferet, Netzach, Hod, Yesod,
        1. Yisrael,
        2. Yaakov

F. Nukvah - Malchut –

1. Rachel,
2. Leah,

All of these levels are explained at length in Etz Chaim.

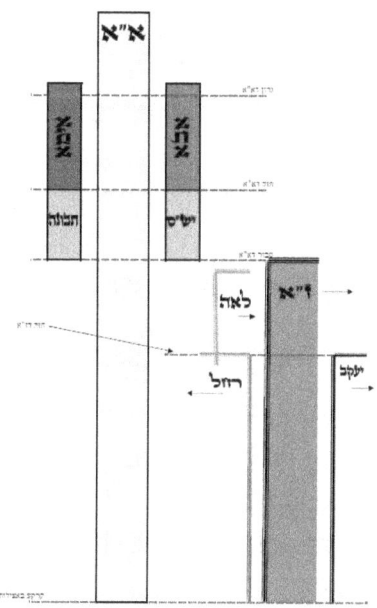

[קעז] וכל הנזכר עד כאן, מדובר הכל בענייני הנהגות שנקראו עולם האצילות. ואף על גב שכתבנו קצת הסבר על ראשי הדברים, אבל מה שהאריך בכל זה בספר עץ חיים, ויתר ספרי האר"י ז"ל, הכל משל, ונכתבים בלשון משל. וכמו שכתב בנפש החיים שער ג' פרק ז', וזה לשונו: ומודעת שכל דברי האר"י ז"ל בנסתרות, משל הם, עד כאן לשון.

177. The above-mentioned levels refer to the world of Atzilut and higher. Though enumerated here in a general way they are elaborated upon extensively in Etz Chaim. Nonetheless it must be clearly understood that all the writings of the ARI"ZAL are altogether allegorical.

[קעח] וז"ל הרב חיים ויטל ז"ל בעצמו, בספרו שער ההקדמות בהתחילתו, בזה הלשון: ואמנם[7] דבר גלוי הוא, כי אין למעלה גוף ולא כח הגוף חלילה. וכל הדמיונות והציורים אלו, לא מפני שהם כך ח"ו. אמנם לשכך את האוזן, לכשיוכל האדם להבין הדברים העליונים, הרעיוניים הבלתי נתפסים ונרשמים בשכל האנושי, לכן ניתן רשות לדבר בבחינת ציורים ודמיוניים, כאשר הוא פשוט כו' וכמו שאמר הכתוב: כי[8] לא ראיתם כל תמונה, וכאלה רבות. ואמנם, יש עוד דרך אחרת כדי להמשיל ולצייר בה הדברים העליונים, והם בחינת כתיבת צורת האותיות. כי כל אות ואות מורה על אור פרטי עליון. וגם תמונה זו, דבר פשוט הוא, כי אין למעלה לא אות ולא נקודה. וגם זה דרך משל וציור לשכך את האוזן כנזכר, עד כאן לשון המרח"ו ז"ל שם.

178. Concerning this Rabbi Chaim Vital wrote, "This is clear that supernally there is neither body nor any attribute of corporeality, G-d forbid. All these images and forms are not actual, but are

---

[7] **ע"ח ש"א ענף ד'** – ואמנם דבר גלוי הוא כי אין למעלה גוף ולא כח גוף חלילה. וכל הדמיונות והציורים אלו לא מפני שהם כך חס ושלום. **אמנם לשכך את האוזן לכשיוכל האדם להבין הדברים העליונים הרוחניים בלתי נתפסים ונרשמים**, בשכל האנושי לכן ניתן רשות לדבר **בבחינת ציורים ודמיוניים** כאשר הוא פשוט בכל ספרי הזוהר. וגם בפסוקי התורה עצמה כולם כאחד עונים ואומרים בדבר הזה כמו שאמר הכתוב עיני ה' המה משוטטים בכל הארץ. עיני ה' אל צדיקים. וישמע ה'. וירח ה'. וידבר ה'. וכאלה רבות וגדולה מכולם מה שאמר הכתוב ויברא אלהי"ם את האדם בצלמו בצלם אלהי"ם ברא אותו זכר ונקבה וגו'. ואם התורה עצמה דברה כך גם אנחנו נוכל לדבר כלשון הזה, עם היות שפשוט הוא שאין שם למעלה אלא אורות דקים בתכלית הרוחניות בלתי נתפשים, שם כלל וכמו שאמר הכתוב כי לא ראיתם כל תמונה וכאלה רבות. ואמנם יש עוד דרך אחרת כדי להמשיך ולצייר בה הדברים העליונים, והם בחינת **כתיבת צורת אותיות**, כי כל אות ואות מורה על אור פרטי עליון, וגם תמונת זו דבר פשוט הוא כי אין למעלה לא אות ולא נקודה, וגם זה דרך **משל וציור לשכך את האוזן** כנזכר ולכן נבאר עתה הקדמה הנזכר על דרך **ציור האותיות גם כן ובבחינת ציורים** אלו הן ציור האדם, והן ציור אותיות, שתיהן מוכרחים להבין ענין האורות העליונים, כאשר תראה ספרי הזוהר בנויים על שתי בחינת הציורים האלה, עד כאן לשונו:

[8] דברים ד טו

merely to enable comprehension, so that man could have some understanding of these supernal conceptual matters, which are beyond his intellectual scope. Therefore, permission was given to speak in such a manner though certainly it is not thus, as scripture emphatically states "neither did you behold any image." This principle also applies to the form of the Hebrew letters which also symbolize the supernal conducts. Certainly, no letters or vowels actually exist supernally. They are merely symbolic.

[קעט] ויעיין בהודעה ואזהרה שנדפס בהתחלת ספר העץ חיים החדשים, עיין שם. וזה לשונו בספר קל"ח פתחי חכמה סימן ז': זה ודאי שכל כך דברים שאנו מזכירים בספירות – דברי צורה וגשמיות, אי אפשר להיותם כך בשום פנים, כי זה היה ככפירה ח"ו, ומקרא מלא הוא: כי[9] לא ראיתם כל תמונה כו', עיין שם מה שכתב בזה. ותוכן הדבר על פי מה שכתב הרמב"ם, הלכות יסודי התורה פרק ז', שהיה נראה להנביאים ומודיעים להם עניינים על פי משל, כמו מקל שקד שראה ירמיה. כן על דרך זה, כשהיה רוצה יתברך להודיע להנביאים את עניני הנמשל, היה מראה להם במראות נבואה את משלים האלה על דרך מקל שקד שראה ירמיה וכו'. ועיין שם בקל"ח פתחי חכמה סימן ח' וט'. וכן כתב בספרו חוקר ומקובל, בד"ה ואיזה פירוש כו' והרי כבר תירצת וכו' עיין שם, ובספרו דעת תבונות דף ל"ה ול"ו: אבל בעצם משל הוא, כמו מקל שקד של ירמיהו, שלא הייתה אז בריאה חדשה מקל שקד, רק שכן היו מראים להנביאים להבינם את הפתרון, ועיין שם. אבל מכל מקום, נראה לפי עניות דעתי, שלא בכל המשלים שהוזכרו בספרים שייך לומר כן.

---

[9] דברים ד טו

179. As the RaM"CHaL states, "This is certain, that all these matters of form and corporeality which we mention in regard to the sefirot, are not possible by any stretch of the imagination, for that would be a total denial of G-d's unity. G-d forbid, as scripture explicitly states "You did not behold any images". Accordingly, the RaM"BaM explains that the prophets recieved divine communication through allegorical vision such as the Almond branch which Jeremiah beheld, that is, when G-d Blessed Be He, desired to communicate Divine concepts to the prophets, He would do so through the prophetic vision, utilizing examples that would enable the mind of the prophet to grasp these concepts. In no way did the object of the vision actually materialize.
179b. It was merely a vehicle to convey the idea. (Nonetheless not all allegories mentioned in Kabbalah are prophetic in origin.)

[קפ] ויש עוד טעם להמשלים, לפי שבענייני הבריאה כן הוא. בדרך משל, עגולים ויושר, נמצא כן בעולמות הנבראים, הרקיעים כמו עיגולים, ומה שבתוכם בחינת יושר. וכן הרבה משלים, שכן הוא באדם שמרמזים עליהם. או שייך זאת על העולמות הנבראים המתנהגים מהם. והכל לפי העניין. ולכן הוזכרו באותן המשלים. או שנרמזו סודות האלה בהתורה, בהמשלים האלה. וגם לפי שיש טעמי מצות הרבה, על פי המשלים האלה שבמעשה המצות כן המה. ובכלל, המשל מקובל גם כן. אבל הלומד בספר עץ החיים, צריך להיזהר ולדעת שאך סגנון המשל לבד נמצא שם, וכמו שכתב בנפש החיים שם כנ"ל: ומודעת שכל דברי האר"י ז"ל בנסתרות משל הוא, עד כאן לשון, וכנ"ל.

180. These allegories however are not arbitrary but

reflect actual parallels between the Divine Conducts of Atzilut and the created realms which result from them. To illustrate, the example of the concentric circles (Igulim) parallels the spherical nature of the heavens, signifying general providence, whereas the example of the upright sefirot (Yosher), parallels the nature of Man, signifying individual providence.

These allegories, therefore, arise from the fact that matters within Man, the Universe, or the Torah result from and thus hint at the divine conducts. The Mitzvot too, correlate with conducts, and as such may be understood through these allegories. Thus it is evident that the allegories were Divinely inspired along with their inner underlying meanings. However, caution must be taken when studying Etz Chaim, since as in all the writings of the ARI"ZAL, only the Allegory is converged without any explanation of the underlying meaning, as stated in Nefesh HaChaim, "As is known, all the words of the ARI"ZAL concerning the esoteric wisdom, are allegory".

[קפא] ובספר חוקר ומקובל מבואר, שסדר הלימוד בזה – ללמוד מתחלה סגנון המשל לבד, אשר על זה סידר את העשרה פרקים שלו שמה, ואחר כך ללמוד את סגנון הנמשל. והמחבר שם, ובקל"ח פתחי חכמה, קורא את המשל **מראה**, ואת הנמשל **פתרון** וכנ"ל, לפי שבמראה הנביאים היו. וראשי פרקים מן הנמשל, נמצא מעט בספרו חוקר ומקובל, ובספרו קל"ח פתחי חכמה באיזה מקומות, ובספר החדש פתחי שערים, יעיין שם. וצריך המעיין להבין בהם, מקום שמדברים באמת עניני הנמשל, למקום שמדברים גם כן על דרך סגנון המשל לבד. ואך, מה שכתבו בעולמות בריאה, יצירה, עשיה, יש בהם מה שמדובר בהנבראים עצמם, ובהם יש דברים שאינם למשל, וכמו שיתבאר בס"ד.

והרוצה ללמוד את סגנון המשל מספר עץ חיים, להקל עליו, העצה היעוצה לפניו, שילמוד מתחלה רק את המקומות שנרשם עליהם מהדורא תנינא לבד, או בראשי תיבות: **מ"ת**, וידלג הכל מה שלא נרשם עליו מ"ת. וכן יתנהג בכל הספר, ואחר כך, ישוב ללומדו יתר הדברים. ויתחיל בשער הראשון, במקום שנרשם עליו מהדורא תנינא, עד סוף הענף. ואחר כך ילך לשער טנת"א בתחילתו, עד מקום שנרשם עליו מ"ב, וידלג משם עד פרק ב שם, ובפרק ג' ידלג עד שער העקודים, וכן בכל הספר.

181. The RaM"CHaL in Choker U'Mekubal suggests that when studying Kabbalah, one should first learn the Allegory alone and only later attempt to fathom its meaning. In Klach Pitchei Chochmah He refers to the allegory as "The prophetic vision", and to the meaning as "The interpretation", since both were received by Divine inspiration. The "interpretation" is found in short in his book Choker Umekubal and in some parts of Klach Pitchei Chochmah. Nonetheless it is incumbent on the reader to discern between those parts that are the "vision" and those that are the "interpretation". If one wishes to learn the allegory directly from Etz Chaim, it is advisable that he first learn only those sections entitled Mahadura Tinyana (Second Edition) and skip all else to the book. 181b. after which he may return and repeat the book in its entirety. Now, Kabbalistic writings pertaining to the three lower worlds, Briyah, Yetzirah and Asiyah, may not be entirely allegorical, for since they are created realms, actual conditions may be ascribed to them.

The Beginning of Kabbalah Wisdom 8   כללי תחילת חכמת הקבלה

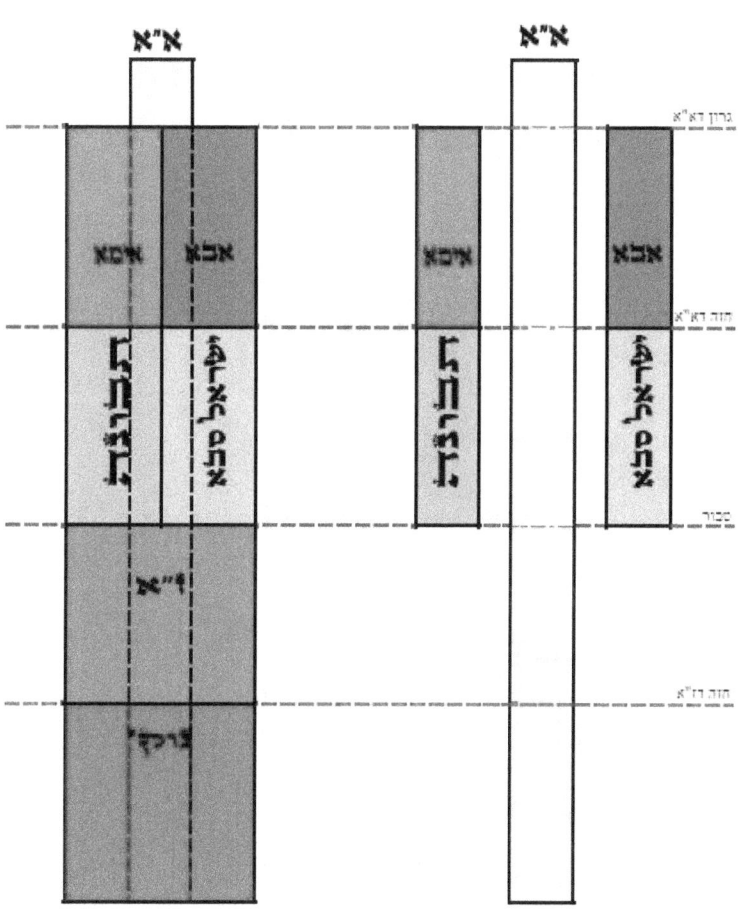

עתיק
נוק' דעתיק
אריך
נוק' דאריך
אבא
אימא
ישסו"ס
תבונה
יעקב ולאה אחורי או"א
ישראל
לאה הגדולה
לאה
יעקב
רחל
רחל
יעקב
יעקב שהוא חצי תחתון דז"א והוא המזדווג עם רחל הקטנה

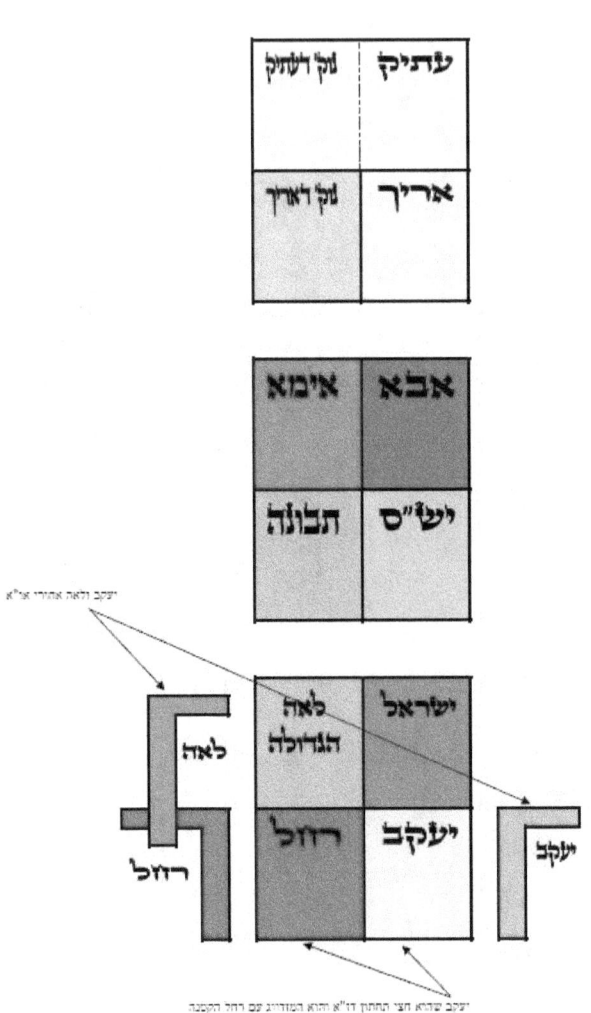

פרק ט'
Chapter 9

פרק ט

בו יבואר עולמות, בריאה, יצירה, עשייה, והיכלות, ונשמות. ובו ל"ב סעיפים.

Within which is explained the Worlds of Briyah - Creation, Yetzirah - Formation and Asiyah - Action; Palaces and Souls.

[קפב] והנה, עד כה דברנו מההנהגות ודרכי השם יתברך, אשר רצה השם יתברך להתנהג בהם, ורצונו והשגחתו הידוע מצד פעולותיו, והשמות שנקרא לפי פעולתו. וכל הנ"ל נקרא עולם האצילות. ונקרא עולם – לשַׂבר את האוזן, ובדרך משל. ונתחיל לדבר מהעולמות שברא השם יתברך.

182. To this point we have discussed G-d's conducts, the ways in which He desires to act, as well as His will, providence and names, all of which are discernible through His actions. All the above constitutes the World of Atzilut - Emanation. It is called "World" merely to bring it closer to human grasp. Henceforth we will discuss the created realms.

[קפג] והעולמות שברא השם יתברך בכלל, הם שלשה: עולם הבריאה, עולם היצירה, עולם העשיה. ועם עולם האצילות הנ"ל, הם: אצילות, בריאה, יצירה, עשיה. הנקראים אבי"ע.

183. The created realms are the worlds of Briyah - Creation, Yetzirah - Formation, and Asiyah - Action. When Atzilut is enumerated they constitute

The Beginning of Kabbalah Wisdom

the four general worlds of Atzilut, Briyah, Yetzirah, and Asiyah.

[קפד] עולם הבריאה הוא עולם העליון, ונחלק לשבעה היכלות. ומבוארים בארוכה בזוהר פקודי מן דף רמ"ה ע"א עד רס"ב, ובזוהר בראשית מן דף מ"א ע"ב עד מ"ה ע"ב. ומבואר שם בפירוש הגר"א ז"ל באריכות, ומועתקים ללשון הקודש בספר פרדס רימונים שער ההיכלות. והם משרתי עליון במדרגה עליונה. נקראו רוחין, ונהורין, וחיות הקודש ממונים על דברים ידועים, כמבואר שם. ושמות ההיכלות ממטה למעלה, הם: לבנת הספיר, עצם השמים, נוגה, זכות, אהבה, רצון, קדשי קדשים.

184. Briyah is the Highest of the created realms and is divided into seven Palaces - Heichalot as follows:
    A. The Holy of Holies - Kodshei Kodoshim,
    B. Will - Ratzon,
    C. Love - Ahavah,
    D. Merit - Zechut,
    E. Brilliance - Nogah,
    F. The Midst of the Heavens - Etzem HaShamayim, and
    G. The Sapphire Stone - Levenat HaSapir.

These palaces are the abode of the entities which are called spirits - Roochin, Lights – Nehorin and the Holy Chayot - Chayot HaKodesh, each with its specific function all this is expounded upon at length in the Zohar and Pardes Rimonim.

[קפה] והנה, לפי חלוקות ההנהגות שנתבארו למעלה, כן ברא ה' יתברך את העולם למחלקותיו, שיהיה כל חלק ממונה על הנהגה אחרת. ולכן, שבעה היכלות הנ"ל, הם נגד הנהגות העשר ספירות כסדר הזה – כסדר שמבוארים בזוהר שם.

185. The components of the created worlds correspond to and function as conduits for the Divine conducts of Atzilut. As explained in Zohar the seven palaces of the world of Briyah correspond to the ten sefirot as follows:

]קפו[היכל הראשון ממטה למעלה נקרא **היכל לבנת הספיר**, נגד הנהגות יסוד ומלכות. ובו הממונים על הנשמה הבאה – לדונה, אם לקבלה או לדחותה. ועל התפלות, אם לקבלם או לדחותם. ולהעלות לזיכרון התורה שנלמדה אחר חצות הלילה, ועוד דברים. ונתבאר בזוהר פקודי דף רמ"ה ורמ"ו. והיכל זה נקרא היכל יוסף הצדיק.

186. The first palace in ascending order is The Sapphire Stone - Levenat HaSapir. It corresponds to the sefirot of Yesod & Malchut. In this palace are angels who scrutinize ascending souls and prayers, whether to admit or reject them and who note the special merit of those who study Torah after midnight etc. This is the palace of Yosef HaTzaddik.

]קפז[היכל השני נקרא **היכל עצם השמים**, נגד ספירת ההוד. ושם ממונים על הרוגי בית דין, ליתן להם תנחומים, לפי שנתכפר עוונם בעונש הבית דין. ועל הנהרגים מאומות העולם, לחוקקם לזיכרון להתנקם עבורם. והמדקדקים עם הצדיקים כחוט השערה, והממונים על המבעת ברבותיו ומשתמש בתלמיד חכם, ולשלם שכר טוב לרודפי החכמה, וממונים על עוד דברים. ונתבאר בזוהר פקודי דף רמ"ו ורמ"ז. ונקרא היכל הנביאים.

187. The second palace is called The Midst of the Heavens - Etzem HaShamayim. It corresponds to the sefirah of Hod. In this palace are angels who comfort the souls of those who died by the hands of the court - Beit Din, since their sins were atoned for through their death, and who engrave the memory of those who died at the hands of the Nations, to avenge their blood. Also, they scrutinize the deeds of the righteous to a hair's breadth. Furthermore, they facilitate the generous reward of those who pursue wisdom and the punishment of those who rebel against their teachers or exploit the sages, etc. This is the palace of the prophets - Heichal HaNevi'im.

[קפח] היכל השלישי **היכל נוגה**, נגד הנהגת הנצח. וכאן ממונים על המלחמות, ועל הרפואות, ולדין על שאר דברים, זולת החיים – שנידון בהיכל הזכות, ולחתום כל הדינים ביום כיפור אחר תפילת מנחה, ועל המחויבים להתנדות – לנדותם ח"ו, ולשלם שכר טוב למשכימים לבית הכנסת ולמתפללים כראוי, ולהולכים לדבר מצוה, ומבקרים חולים ומחזירין אותם בתשובה, ויתר מצוות בהליכה ברגלים, ולמביאים בניהם לבית הספר. וממונים על עוד דברים, ונתבאר בזוהר פקודי דף רמ"ח, רמ"ט ור"נ. ושני ההיכלות הנ"ל המה היכלי הנביאים.

188. The third palace is called Brilliance - Nogah. It corresponds to the sefirah of Netzach. In this palace are angels who oversee war & healing. On the Day of Atonement they facilitate the judgment of all matters with the exception of "Life" (which is judged in the palace of Merit - Zechut) and seal all judgments after the minchah service. Furthermore, they may also impose a spiritual ban on those deserving it. In addition, they implement good reward to those who rise early to attend the morning services and who pray with a proper intent, as well as all matters pertaining to walking, such as running to perform a mitzvah, visiting the sick and drawing them toward G-d and Bringing one's children to Cheder, etc. The second & third palaces are called the palaces of the prophets.

קפט] היכל הרביעי נקרא **היכל הזכות.** שם הבית דין של מעלה, הממונים לדון את העולם, והוא נגד הנהגת הגבורה. ובאשר בדין צריך לפתוח בזכות, לכן נקרא היכל הזכות. ושם ממונים לברך את המענגים את השבת, וכן להיפך ח"ו, למי שאינו מענגו כראוי. ושם הממונים להעיד על מעשה בני אדם. והיכל זה נקרא היכל יצחק. ומבואר בזוהר פקודי דף רנ"א ורנ"ב.

189. The fourth palace is called Merit - Zechut. It corresponds to the sefirot of Gevurah and is the residence of the supernal court which judges the world - Beit Din Shel Ma'al. (It is called Merit - Zechut since in Judgment one's merits should be considered before his faults.) In this palace are angels who bless those who sanctify the Shabbos and curse those who desecrate it, G-d forbid. In addition, testimony is given by the angels here concerning Mans deeds. This is the palace of Yitzchak.

קצ] היכל החמישי נקרא **היכל אהבה**, נגד הנהגת החסד. ושם ממונים ללמד זכות על ישראל, ולהכניס אהבה בין ישראל למקום. וממונים על עובדי הוי"ה באהבה, ועל העושים חסד. וממונים על סודות התורה. ושם הנשמות קודם שבאו לעולם. וגם עוד הרבה דברים. ועיין היכלות זוהר פקודי רנ"ג, וביאור הגר"א שם. ומה שנקרא בהיכלות זוהר בראשית דף מ"ד ע"א היכלא דברקא, זה ההיכל, עיין שם למטה בהג"ה. והוא היכל אברהם, ונתבאר בזוהר פקודי דף רנ"ג.

190. The fifth palace is called the Palace of Love –

Ahavah corresponding to the conduct of Chessed. In this palace are angels who teach merit concerning Israel, and initiate love between Israel & G-d. These angels guard those who serve G-d with love and who perform acts of loving kindness. They are guardians of the secrets of the Torah. This palace houses souls before they enter the world, and is called The Palace of Avraham.

קצא] היכל הששי הוא **היכל הרצון**, ונקרא גם היכל חוט השני. עיין היכלות הזוהר בראשית דף מ"ד ע"ב, וביאור הגר"א ז"ל, וקיצור פירוש הגר"א ז"ל שם עיין שם. נגד הנהגת תפארת, וכאן התפארת גבוה וקודם לחסד ולגבורה. ושם הם הארבעה, עיין היכלות הזוהר פקודי דף רנ"ג ורנ"ד, שיש להיכל זה ששה פתחים: ארבעה לארבעה רוחותיו, ואחד למעלה, ואחד למטה. ושם ממונים המלאכים שראשי תיבות שלהם ארגמ"ן[1]. וגם ממונה אחד, ורזיא"ל שמו, והוא רוח שבהיכל הזה ששולט על כל ההיכל עיין שם. ועיין ביאור הגר"א ז"ל שם שהאריך בהיכל זה בעניין שמות המלאכים והמשרתים, שהם י"ב, והדגלים שהם כנגדם עיין שם. מלאכים, שהם: מיכאל מדרום וימין, מבחינת החסד. גבריאל מצפון ומשמאל, מבחינת הדין. רפאל מצד מזרח, הנהגה ממוצעת בין חסד לדין. אוריאל מצד מערב, ולפעמים נקרא נוריאל, והוא הנהגה ממוצעת, וכשנוטה יותר לחסד נקרא אוריאל, עיין ביאור הגר"א שם בהיכלות הזוהר פקודי רנ"ד אות מ"א בד"ה אבל תרין כו', עיין שם. וכשנוטה יותר לדין, נקרא נוריאל, וסימנים של המלאכים הנ"ל ארגמ"ן.

רפאל

גבריאל **מיכאל**

אוריאל או **נוריאל**

---

[1] אוריאל, רפאל, גבריאל, מיכאל, נוריאל.

191. The sixth palace is the palace of Will corresponding to the conduct of Tiferet. In this palace are the four archangels; Michael to the right, south, corresponding to Chessed. Gavriel to the left, north, corresponding to Judgment. Refael, forward, east, and is an intermediate conduct between Chessed & Din. Uriel backward, west, and is sometimes called Nuriel. This too is an intermediate conduct, therefore when it inclines toward Chessed it is called Uriel, but when it inclines toward Din it is called Nuriel. The Acronym for these angels is A.R.Ga.Ma.N. (purple).

Refael

Gavriel   **Michael**

Uriel or Nuriel

[**קצב**] וכל אחד מארבעה הנ"ל, יש תחתיו עוד שנים. הרי שלשה לכל צד, ובסך הכל – י"ב, כסדר הדגלים. לכן, יש עוד כנגדם הרבה דברים של י"ב, והם: י"ב אותיות פשוטות שנתבאר למעלה בסימן צ"ז, וי"ב מזלות, וי"ב חדשים, וי"ב שעות, ועוד הרבה דברים של י"ב המבואר בספר יצירה פרק ה')ועיין ביאור הגר"א ז"ל על היכל ששי דהיכלות הזוהר פקודי ד"ה תא חזי רוחא כו'(. ולפעמים נחשב אוריאל במזרח, ורפאל במערב, ועיין שם בזוהר רנ"ד א', וביאור הגר"א ז"ל שם ד"ה ואף על גב כו', הטעם בזה.

192. Each one of these four angels has two additional angels under him totaling twelve, three on each side, corresponding to the encampment of the 12 tribes in the desert. There are many units of 12 that correspond to these angels, some of which are: The twelve simple letters, The twelve constellations,

The Beginning of Kabbalah Wisdom 9 כללי תחילת חכמת הקבלה

The twelve months of the year, The twelve hours of the Day etc.

[קצג] והארבעה הנ"ל, נקראו ארבעה פנים: פני אריה מימין, מיכאל, חסד; פני שור מהשמאל, גבורה, גבריאל, פני אדם מזרח, ועיין היכלות פקודי דף רנ"ד, וביאור הגר"א ז"ל שם אות ל"ט, שעיקר מקום רפאל בצד מזרח, מכל מקום מתחלף לפעמים למערב, כי שמות המלאכים נקראים לפי פעולתם, עיין שם ביאור הגר"א ז"ל אות מ"א ד"ה אבל תרין אינון כו', כנ"ל. פני נשר מערב כנ"ל. והיכל השישי הזה כולל עוד ששה היכלות פרטים, ובכל אחד ממונים אחרים, ונתבאר כל זה בזוהר פקודי מן דף רנ"ג ע"ב עד דף רנ"ח. והיכל הנ"ל, שהוא היכל הרצון, הוא היכל יעקב. והוא סוד התפארת. גם נקרא היכל משה, עיין היכלות הזוהר בראשית מ"ד ובהגר"א שם.

מטה	מעלה	שמאל	ימין
מלכות	תפארת	גבורה	חסד
נשר	אדם	שור	אריה
נוראל	רפאל	גבריאל	מיכאל

193. These four angels are the four faced angels of Ezekiels Vision as follows: Forward Face of Man Rephael (Uriel) Intermediate Conduct East Left Face of Ox Gavriel Gevurah North Right Face of Lion Michael Chessed South Backward Face of Eagle Uriel (Rephael) Intermediate Conduct West 193b. This palace contains six additional palaces each of which has its specific angels. This is the Palace of Yaakov.

[קצד] היכל השביעי נקרא היכל קדש קדשים, נגד הנהגת כתר, חכמה, בינה. והוא גניז מאד, שאין שם השגת התחתונים. ושם

שעשוע ועונג הנשמות, שהשם יתברך משתעשע עמהם בגן עדן. והנבראים שבהיכל זה, קרובים יותר להשם יתברך מכל הנבראים. ולכן נקרא היכל זה כסא הכבוד. וששה היכלות שבהיכל הרצון הנ"ל, נקראו שש מעלות לכסא. ולכן נקרא עולם הבריאה בכלל – עולם הכסא. ונתבאר היכל זה בזוהר פקודי מן דף רנ"ח והלאה. וכל הנ"ל נקרא עולם הבריאה, ונתבאר כל זה שם.

194. The seventh palace is called the Holy of Holies - Kodesh Kodoshim. This palace corresponds to the conducts of Keter, Chochmah and Binah. This level is extremely hidden and is beyond the grasp of the lower realms. Here the righteous souls of Gan Eden find delight and pleasure in G-d. Since the beings of this palace are closer to G-d than any other creatures, it is called The Throne of Glory - Kisseh HaKavod. The above mentioned six palaces of the palace of Will are called the six steps of the throne. In general, the world of Briyah is called the world of the throne.

[**קצה**] והמשכן היה נגד היכל הרצון, והיכל קדשי קדשים. ובמשכן עשרה דברים, נגד העשר ספירות: כרובים, כפורת, ארון – נגד כתר, חכמה, בינה; ונגד היכל קודש הקודשים. מנורה מימין – נגד חסד, שלחן בצפון – נגד גבורה, מזבח הזהב באמצע – נגד תפארת, כיור וכנו – נגד נצח והוד, מזבח העולה – נגד יסוד, החצר והקלעים – נגד מלכות (הגר"א ז"ל בהיכלות פקודי שם רנ"ה ד"ה על כל אינון כו').

195. The Tabernacle - Mishkan corresponded to the palaces of Will & Holy of Holies. Within the Tabernacle were ten articles which corresponded to the ten sefirot as follows; The Cherubs, the Ark-cover and the Ark corresponded to Keter, Chochmah and Binah and to the palace of the Holy of Holies. On the south was the Candleabra – Menorah corresponding to Chessed. On the north was the Table - Shulchan corresponding to Gevurah. In the middle was the Golden Alter - Mizbeach Hazahav corresponding to Tiferet. The Washstand and its Base corresponding to Netzach & Hod. The Sacrafisial Alter - Mizbeach HaOlah corresponding to Yesod and the Court - Chatzer and the Hangings - Kla'im corresponding to Malchut.

[קצו] עולם היצירה, הוא תחת עולם הבריאה. ושם המלאכים שבראם השם יתברך להיות שלוחים למטה. ויש שם שבעה מדורין, והתחתונים למלאכים, ומדור העליון לנשמות. וגם הם נחלקו לפי הנהגות הספירות, על דרך שכתבנו בעולם הבריאה, שלכל הנהגה יש שלוחים אחרים. ונתבארו בזוהר בראשית דף מ"א ע"א. ועיין עוד שם דף ל"ח ע"א, ובביאור הגר"א ז"ל שם.

196. All the above mentioned concerns the world of Briyah. The next world, in descending order is the world of Yetzirah - Formation. This world is comprised of seven abodes. Within the highest of these, souls reside. The remaining six are the abode of the angels. These angels act as messengers in our world. Similar to the world of Briyah, these abodes correspond to the sefirot, as such the conduct of these angelic agents is determined by the abode from which they originate.

[קצז] ונקרא עולם היצירה – עולם המלאכים. ובזה העולם הוא המלאך מטטרו"ן, הנקרא שר הפנים, עם עשרה מיני כתות מלאכים, שנקראו בשמות בפני עצמם (עיין עץ חיים שער כללות אבי"ע פרק א'). ועשרה כתות הם בעשר שמות שנקראו המלאכים, והם: חיות, אופנים, שרפים, כרובים, אראלים, תרשישים, חשמלים, אלים, מלאכים, אישים. וגם בעולם היצירה יש שם חיות הקודש. וארבעה פנים שראה יחזקאל, הם בעולם היצירה, כי יחזקאל ראה בעולם היצירה.

197. The world of Yetzirah is called the world of Angels. The chief angel of this world is Metatron - The Prince of the Face (Sar HaPanim). Under him are ten categories of angels as follows:
1. Chayot. 2. Ophanim. 3. Seraphim. 4. Cherubim. 5. Arelim. 6. Tarshishim. 7. Chashmalim. 8. Elim.

9. Malachim. 10. Ishim As. in the world of Briyah.

The Chayot HaKodesh, the four faced angels of Ezekiel's vision also exist here, since Ezekiel's vision was perceived on the level of Yetzirah.

[**קצח**] עולם העשיה, הוא תחת עולם היצירה. ושם מלאכים במדרגה פחותה מן עולם היצירה. ובכלל עולם העשיה, הם הרקיעים שחושב בזוהר ויקהל דף ר"א ור"ב. ובכלל עולם העשיה, הם כל השבעה רקיעים שחושב בגמרא[2]: וילון, רקיע, שחקים, זבול, מעון, מכון, ערבות. ובכלל עולם העשיה, כל עולם הזה התחתון, והארץ וכל אשר עליה – הכל נכללו בעולם העשיה. ובעולם העשיה, הוא המלאך סנדלפו"ן, עיין בגמרא[3]. ובעולם העשיה, הם האופנים שהוזכרו ביחזקאל.

198. The fourth world is called the world of Asiyah. In this world the angels are of a lesser order than in the previous worlds. The chief angel of Asiyah is Sandalfon. Within this world are 7 firmaments - Raki'im that are mentioned in the Zohar and Talmud as follows:

1. Aravot.
2. Ma'on.
3. Machon.
4. Zevul.
5. Shechakim.
6. Rekiah.
7. Veelon The Ophanim.

Wheels that are mentioned in Ezekiel exist on this level. Furthermore, our physical world and all that

---

[2] גמרא חגיגה יב ב

[3] גמרא חגיגה יג ב

exists within it is included as the final level of Asiyah.

[קצט] וגם עולם העשיה נחלק כנגד הנהגת העשר ספירות כנ"ל. הממונים המלאכים שבהם, וגם שבעה רקיעים שחושב בגמרא[4] הם כנגד עשר ספירות, באופן זה: ערבות – נגד שלושה ראשונות, כתר חכמה בינה. מעון מכון – נגד חסד וגבורה. זבול – נגד תפארת. שחקים – נגד נצח והוד. רקיע – נגד יסוד. וילון – נגד מלכות. והארץ, הוא גם כן בכלל מלכות.

ערבות	קודש קודשים	כח"ב
מעון	אהבה	חסד
מכון	זכות	גבורה
זבול	רצון	תפארת
שחקים	נוגה-עצם השמים	נצח-הוד
רקיע	לבנת הספיר	יסוד
וילון		מלכות

199. The overseers, angels and firmaments of the world of Asiyah correspond to the ten sefirot as follows: Aravot corresponds to Keter, Chochmah & Binah Ma'on corresponds to Chessed Machon to Gevurah Zevul to Tiferet Shechakim to Netzach & Hod Rekiah to Yesod Veelon to Malchut. Earth is included as the final level of Malchut.

[ר] והנה, כתבנו למעלה, שאחר כך כל ספירה נחלקת גם כן לעשר ספירות. לכן, ברקיע השני שנקרא רקיע – שהוא נגד יסוד, גם בו עשר ספירות, והם: החמה, והלבנה, והמזלות, וכל כוכבי לכת, שכולם נקבעו ברקיע השני, ונחלקים לעשר ספירות.

4 גמרא חגיגה יב ב

וכל הנ"ל מבואר בדברי הגר"א ז"ל בפירוש לספר יצירה, ובהיכלות.

200. Rekiah (Yesod) of Asiyah has ten subdivisions which correspond to the sun, moon, constellations and planets.

[רא] וכל מה שכתבנו בבריאה, יצירה, עשיה הכל הם נבראים ממש. ומכל מקום נחלקו לעשר ספירות כנ"ל, ונקראו עשר ספירות דבריאה, עשר ספירות דיצירה, עשר ספירות דעשיה, כי ספירות הוא לשון מספר, וכמו שכתוב למעלה טו.

201. The worlds of Briyah, Yetzirah and Asiyah are actual creations and their components are considered sefirot only in the sense that they correspond to the ten sefirot of Atzilut. They are therefore allegorically referred to as the Ten Sefirot of Briyah, the Ten Sefirot of Yetzirah etc.

[רב] והנה, הנהגת השם יתברך שנחלק לעשר ספירות – אינו דומה הנהגתו על עולם הבריאה, כמו הנהגתו על עולם היצירה ועל עולם העשיה. אף על גב שבהשם יתברך אין בו שינוי, אבל מכל מקום כל עולם לפי ערכו, כן ראוי להיות הנהגה עמו, ולכן השינוי מסיבת המקבלים. ולכן, נחלקו ההנהגות גם כן, ונקראו בשמות בפני עצמן: עשר ספירות דבריאה, עשר ספירות דיצירה, עשר ספירות דעשיה. ובכלל, הם עשר ספירות, רק נחלקו מסיבת העולמות. בדרך משל, הנהגת החסד שבבריאה ויצירה ועשיה, הכל בכלל נקרא הנהגת החסד. אבל בפרטות, נתחלק חסד דבריאה וחסד דיצירה וחסד דעשיה, לפי שנתחלק לפי ערכם, וכנ"ל. ולכן, נקראו גם הנהגותיו יתברך: עשר ספירות דבריאה, עשר ספירות דיצירה, עשר ספירות דעשיה. וגם הנבראים בעצמם נקראו כן כנ"ל. ולכן צריכים הלומדים בספרים להבחנה גדולה, כשמוצאים שנדבר בבריאה, יצירה, ועשיה, במה הם

מדברים – אם בהנהגת השם יתברך עליהם, או בענייני הנבראים בעצמם)ועיין חוקר ומקובל ד"ה דע שהדבר פשוט כו', ובד"ה כבר ראית כו' מבואר כל זה עיין שם(.

202. G-d relates to His worlds through His Ten Divine conducts. These conducts are not manifested equally since each world receives according to its specific qualities and capacity. The apparent differences, therefore, are a result of the receiving levels rather than any change within the Giver, G-d forbid. The conducts as they relate to each specific level are termed accordingly, such as the Ten Sefirot of Briyah, the Ten Sefirot of Yetzirah etc. However, there are actually only ten general conducts and any subdivisions are merely levels within them. For example, Chessed of Briyah, Chessed of Yetzirah etc. are only levels within the general conduct of Chessed.

Since both the Divine conducts as they relate to each world and the components of the created worlds are termed Sefirot, it is incumbent upon the reader, when studying Kabbalist Literature, to discern between them.

רג] וכמו שכתבנו למעלה, שכל הנהגה יש עליה שם בפני עצמה, שכשהוא מתנהג בהנהגה הזאת נקרא בשם זה, לפי שנקרא לפי פעולותיו. לכן, יש בהנהגות עשר ספירות דבריאה עשרה שמות בפני עצמם, ועל עשר ספירות דיצירה שמות בפני עצמם, ועל הנהגת עשר ספירות דעשיה שמות בפני עצמם. ומבוארים המה בעץ חיים שער השמות פרק ה', עיין שם. וגם על המלאכים נדרשים שמות לפי ההנהגות שממונים עליהם, על דרך הכתוב:

כי[5] שמי בקרבו, כמבואר בגמרא[6].

203. As stated above, G-d is called according to His actions. As such, the Divine conducts as they are manifest within each world have specific Divine names. The Angels too are named accordingly as stated in scripture, "For my name is within Him".

]רד[ובדרך כלל אמרו, שהבריאה היא יותר על פי הנהגות הבינה שהיא נגד **ה'** ראשונה שבשם. והיצירה על פי הנהגת הששה ספירות, שהם חג"ת נה"י, שנקרא הנהגת הזעיר אנפין נגד **ו'** שבשם, כנ"ל בפרקים הקודמים. והעשיה על פי הנהגת המלכות שהיא נגד **ה'** אחרונה שבשם.

204. Generally, the world of Briyah is influenced by the conduct of Binah, corresponding to Ima and the first Hey of the Divine Name (Y--H--V--H). The world of Yetzirah is primarily influenced by the conduct of the six sefirot (Chessed, Gevurah, Tiferet, Netzach, Hod, Yesod) corresponding to Zeir Anpin and the Vav of the Divine name. The world of Asiyah is primarily influenced by the conduct of Malchut, corresponding to Nukvah and the last Hey of the Name.

]רה[ולכן, נחשב לפעמים בכללות, עולם האצילות, שנתבאר למעלה שהוא נקרא עולם בדרך משל, נגד **י'** שבשם, והבריאה נגד **ה'** שבשם, והיצירה נגד **ו'** שבשם, והעשייה נגד **ה'** אחרונה שבשם, וכנ"ל.

---

[5] שמות כג כא

[6] **גמרא סנהדרין לח א** - תנו רבנן להגיד גדולתו של מלך מלכי המלכים הקדוש ברוך הוא שאדם טובע כמה מטבעות בחותם אחד וכולן דומין זה לזה אבל הקדוש ברוך הוא טובע כל אדם בחותמו של אדם הראשון ואין אחד מהן דומה לחבירו שנאמר - תתהפך כחומר חותם ויתיצבו כמו לבוש.

The Beginning of Kabbalah Wisdom 9 כללי תחילת חכמת הקבלה

אבא	חכמה	אצילות	י
אימא	בינה	בריאה	ה
ז"א	חג"ת נה"י	יצירה	ו
נוקבא	מלכות	עשיה	ה

205. The world of Atzilut, likewise corresponds to Abba and the Yud of the Divine name, so that the four worlds together constitute the Divine name and its corresponding Parzufim - Statures as follows: Abba Ima Zeir Anpin Nukvah Atzilut Briyah Yetzirah Asiyah Yud Hey Vav Hey

[רין] ובספר שער הקדמות כתב, שמה שאמרנו, שבריאה הנהגת הבינה כו', היינו הנהגת המלכות דאצילות, בינה שבמלכות, ויצירה ז"א שבמלכות, ועשייה מלכות שבמלכות. ועל פי זה נקראו כל העולמות בכלל הנהגת מלכות, וכמו שכתבנו למעלה, שבעולם הבריאה נדרש י"ב דברים. לכן, כתב הגר"א ז"ל שבהנהגת המלכות נדרש הרבה דברים לי"ב, (עיין ביאורו לספרא דצניעותא פרק א' ד"ה הייתה כו' וש"מ, ועיין ספר יצירה פרק ה').

206. Actually, all the influence from Atzilut comes to the created worlds through Malchut, its lowest sefirah. Therefore, the above-mentioned statement that the world of Briyah is influenced by Binah, refers to Binah of Malchut of Atzilut rather than the general Binah of Atzilut. The same principle applies to Yetzirah and Asiyah which are influenced by Zeir Anpin of Malchut of Atzilut and Malchut of Malchut of Atzilut. Accordingly, all the created realms are considered to be within the domain of Malchut.

206b. Everything that exists in the World of Briyah has its corresponding conduct in Atzilut. Because the concept of twelve exists in Malchut of Atzilut, it also manifests as twelve components within Briyah.

[**רז**] ולפי שכתבנו, שעולם הבריאה נברא בחלקיו כנגד חלקי ההנהגות, לכן נמצא בספרים שיאמרו בדרך משל, שהבריאה נשתלשל מהאצילות. היינו, שעל פי הנהגת וסדרי האצילות, נברא עולם הבריאה, בדרך משל, שלפי שרצה השם יתברך להתנהג במידת החסד, ברא את היכל אהבה של עולם הבריאה. ולפי שרצה להתנהג במידת הדין להחוטאים, ברא את היכל הזכות של עולם הבריאה, ששם דנין את העולם, וכנ"ל, וכן כולם. ולכן, נאמר שנשתלשל היכל אהבה מספירת החסד, והיכל זכות מספירת הגבורה, וכן כולם כדומה לזה. אבל הדבר פשוט, שאין שום התקשרות בהנבראים בהוי"ה יתברך שמו, רק שברא אותם ברצונו יש מאין, ולא שייך כלל לחשוב באופן אחר (ועיין ספר חוקר ומקובל בתחילתו בד"ה כבר ראית נתבאר גם כן כל זה, עיין שם).

207. As stated previously, the World of Briyah was created with all its components corresponding to the Divine conducts. As such, Kabbalistic literature allegorically states that the world of Briyah "evolved" from the world of Atzilut, in that it follows the pattern of Atzilut. For example, since it was G-d's will to include His kindness in the conduct of the World, He created the Palace of Love - Heichal Ha'Ahava in Briyah, and since it was also His will to include Judgement - Din, He created the Palace of Merit - Heichal Zechut, within which the world is judged. This principle applies to all the components of Briyah. **207b.** Thus, it can be said that the palace of Love "evolved" from the sefirah of

The Beginning of Kabbalah Wisdom

Chessed, and the palace of Merit, from that of Gevurah etc. However, obviously there is no developmental progression of "evolution" between Atzilut and the created realms whatsoever, but rather, all creation was brought in to being ex nihilo. Any other consideration would be erroneous.

[**רח**] והנה, הנשמה שבאדם היא חמשה חלקים: נפש, רוח, נשמה, חיה, יחידה. וכתב הגר"א ז"ל בפירוש ספר יצירה (פרק א' משנה א', אופן ג'), כי הנפש והרוח הם באדם, ועיקר חיותו של האדם הוא הרוח, והוא האדם המקבל שכר ועונש כידוע. והוא המרגיש, והוא כל כחותיו וחושיו. ובצאת הרוח מהאדם, הוא מת. והנשמה נעלמת מאד, והיא השכל המלמד לאדם דעת. והיא מזלו של האדם ומלאכו, והיא בשמים. רק ניצוצות מתנוצצים ממנה על האדם, להנהיגו ולהשכילו, עד כאן לשון. הרי למדנו בקצרה, שעיקר האדם הוא רוח, ומה שבא עליו השכלה מלמעלה, נקרא נשמה (ועיין נפש החיים שער א' פרק ט"ו, י"ז וי"ח, עיין שם).

208. The Human Soul consists of five (5) levels corresponding to the five Partzufim and the letters of G-d's name as follows: The thorn of the Yod Yud First Hey Vav Last Hey Adam Kadmon Atzilut Briyah Yetzirah Asiyah Yechidah Chayah Neshamah Ruach Nefesh the GR"A wrote that the levels of the Nefesh and Ruach are predominant in Man, especially Ruach which is his essential identity. It is the Ruach that receives reward and punishment, is cognigant, possesses faculties and is conscious of the senses. Upon its departure death results. The Neshamah is a higher level which is generally beyond our consciousness. It is the source of Divine guidance and inspiration. In this sense it is sometimes referred to as a person's Mazal or Malach since it influences him from above. Occasionally one may experience an inspirational flash from the Neshamah level which guides him and elevates his awareness. Therefore, the term Ruach refers to Mans essential identity, whereas Neshamah refers to that which guides him from above. 8 For this reason the term Neshamah may often include within it, both Chaya and Yechidah.

רט] והנה, עולם הבריאה, שהם במעלה עליונה וקרובים להוי"ה מאד, וכל הנצרך להם שיבא להם מלמעלה בא להם כביכול מהשם יתברך, שהוא מודיעם ומנהיגם בלא שליח. לכן נאמר עליהם, שבחינת רוח ונפש הם הנבראים שבעולם הבריאה. בחינת הרוח נקראו רוחין, ובחינת הנפש נקראו נהורין. ובחינת הנשמה, שהוא הנצרך להם מלמעלה, היא מהשם יתברך. ונאמר שהנשמה שלהם - היא בחינת אלקות כנ"ל, לפי מעלתם (עיין ביאור הגר"א ז"ל היכלות מ"א ב' ד"ה כד אתכלל כו').

209. The world of Briyah is on the highest spiritual level of the created realms and is the closest to G-dliness (i.e. Atzilut). It receives Divine influence directly from Atzilut without any intermediary level. In Briyah the spiritual entities themselves may be either of the aspects of Ruach or Nefesh. Those of Ruach are called Ruchin (spirits) and those of Nefesh are called Nehorin (lights). Since the aspect of Neshamah comes to Briyah directly from Atzilut their Neshamah is considered to be actual G-dliness.

רי] אבל עולם היצירה, בחינת הנשמה שנצרך לבוא אליהם, בא להם מעולם הבריאה. ורק חלק מועט מן המדרגה העליונה שהוא מהשם יתברך, בא עליהם גם כן. ונקרא מה שבא להם מהשם יתברך, בחינת חיה.

210. The beings in the world of Yetzirah receive their Neshamah through Briyah. As a result, they receive only a minute portion from Atzilut itself. This portion is called Chayah - Living.

[ריא] אבל עולם העשיה, שהוא במדרגה פחותה, בחינת הנשמה שנצרך לבוא להם - הוא מעולם היצירה, עולם שלמעלה מהם. ורק חלק מועט להזוכים יותר, בא להם גם מעולם הבריאה, שהוא להם בחינת חיה. ולהזוכים עוד יותר למדרגה עוד יותר עליונה, יבא להם מהשם יתברך בעצמו, זהו נקרא יחידה. אבל לא הכל זוכים לזה. ולכן נאמר, שבחינת אלקות בעולם העשייה, הוא בחינת היחידה. ועולם היצירה, האלקות מבחינת חיה. ועולם הבריאה, להם בא השפעת הוי"ה והשכלתו עליהם, מבחינת נשמה, וכנ"ל. וכל זה נלמד מדברי הגר"א ז"ל בליקוטיו שבסוף ספר ספרא דצניעותא ד"ה ידוע שהבדל כו'.

211. The beings in the world of Asiyah receive their Neshamah through Yetzirah. Only those individuals who have special merit may receive a minute influence from Briyah. This influence is called "Chayah". Those who are even more meritorious may further receive an influence from Atzilut. This influence is called Yechidah (Unique). To summarize: the level of G-dliness in Asiyah is called Yechidah that of Yetzirah is called Chayah, and that of Briyah is called Neshamah, all of which is explained by the GR"A in Sifra D'Tzniuta.

[ריב] ובביאורו להיכלות הזוהר, בראשית היכל א' דף מ"א ע"ב, ד"ה כד אתכלל, כתב, שבכל העולמות בחינת האלקות, היינו מה שהשם יתברך משכילם, ומודיע להם בנבואה, נקרא נשמה. ונראה שאין זה סתירה לדבריו הנ"ל, שבכללות כן הוא. שאף על גב שאנו אומרים שהנשמה של עולם היצירה, והחיה דעולם

העשייה, בא להם מעולם הבריאה. אמנם, מה הם בעולם הבריאה, הנה הוא רק בחינת רוח של עולם הבריאה, ולא בחינת נשמה של עולם הבריאה. לכן בכללות נאמר, שכללות העולמות הם רוח ונפש, ומה שבא מהשם יתברך, הוא לבד בחינת נשמה, כמובן.

212. The GR"A states in his comments on Zohar - Heichalot that in all worlds the G-dly aspect (which is received from above, similar to prophetic inspiration) is called Neshamah. This in no way contradicts his above statement. In Sifra D'Tzniuta he deals with each world specifically, as it relates to other worlds, whereas here he is referring to all the created worlds collectively as they relate to Atzilut. Only that which comes from Atzilut (i.e. Chaya of Yetzirah & Yechidah of Asiyah) is truly considered Neshamah. All other levels of the created worlds (i.e. Neshamah of Yetzirah & Chayah of Asiyah etc.) come from Ruach and Nefesh of Briyah and thus cannot be regarded as Neshamah.

[**ריג**] וכתב הגר"א ז"ל בליקוטיו שם, שבסוף ספר ספרא דצניעותא, וזה לשונו: וידוע תדע, שמשה רבינו עליו השלום, לא השיג אלא בבריאה, ובהיכל הרצון, כמו שכתבו הרמ"ק והאר"י ז"ל כו', והנביאים לא השיגו אלא ביצירה, ודניאל בראש עולם העשייה, תחתית עולם היצירה כו', והוא היה בין הנביאים לדורות הבאים, והולך ומתמעט, עד שבדורותינו אין משיגים אלא בעקב עשייה כו', וכל מה שאנו מדברים באדם קדמון ובאבי"ע, הכל בעולמות התחתונים מאוד, שבכל עולם יש אבי"ע וכל הבחינות כו', לכן מדברים דרך משל, ואין מבינים כלל, כי יחזקאל אמר דרך חידה, שהיה בחוץ לארץ ובסוף הבית, וזכריה מראות סתומות, ואין אתנו יודע עד מה, עד יערה רוח ממרום עלינו, עד כאן לשון הגר"א ז"ל שם, עיין שם.

213. The GR"A wrote, "You should know with certainty that Moshe Rabbeinu, perceived only on the level of Briyah in the palace of Will, as stated by Rabbi Moshe Cordovero and the Ari"Zal. The remaining prophets perceived on the level of Yetzirah. Daniel perceived the pinnacle of Asiyah which is the floor of Yetzirah, since he was an intermediate level between the prophets & subsequent generations. Since then, with each generation perception has diminished, until in these latter generations we perceive only on the level of the "heels" of Asiah. **213b.** Since each world contains within itself aspects of all other worlds, it is possible through allegory to comprehend on our level matters concerning Adam Kadmon, Atzilut, Briyah, Yetzirah and Asiyah, though we have no direct perception of them. Even the prophet Ezekiel who received his prophecy outside of the Land of Israel during the end of the first Temple, spoke in riddles, the depth of which we cannot fathom, so too the prophecy of Zechariah was in the form of sealed visions. We will not fully understand the meaning of their words until we are divinely enlightened (in the Messianic era).

היכל קודש קודשים
כחב"ד
עתיק
נוק' דעתיק
א"א
נוק' דא"א
אבא
אימא
ישסו"ת
תבונה
תפארת
חסד
אהבה
גבורה
נצח
הוד
זו"ן
יסוד מלכות
יעקב ורחל

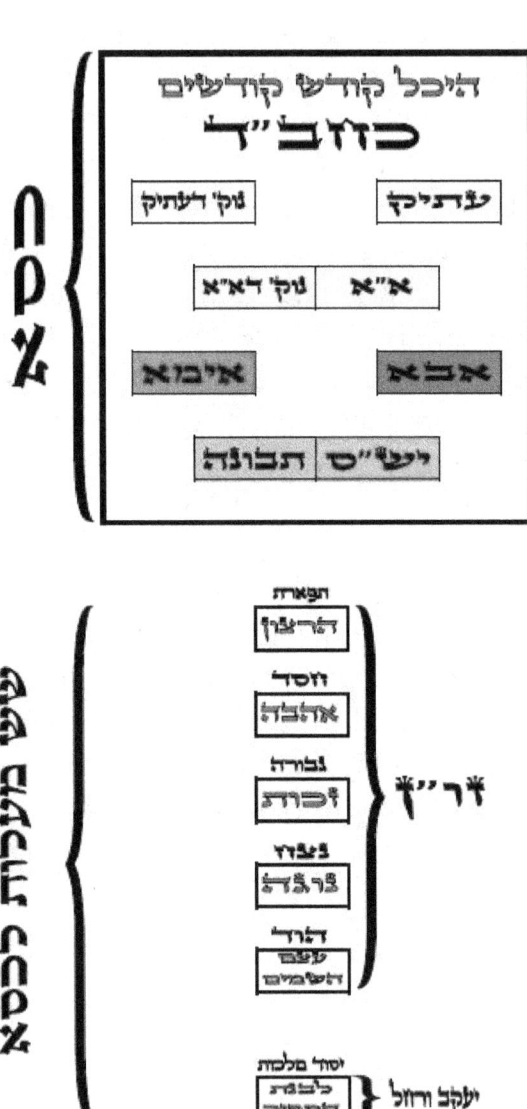

פרק י'
Chapter 10

פרק י

בו יבואר עניין הסטרא אחרא ושלעתיד יהיה התיקון השלם. ובו י"ג סעיפים.

Within which the matter of Sitra Achera and the complete repair in the time to come are explained.

[ריד] והנה, כמו שברא השם יתברך את העולמות, בריאה, יצירה, עשייה, הנ"ל, להיות לו שלוחים על פעולת הטוב והקדושה. כן ברא השם יתברך גם כן נבראים, שיהיו לו שלוחים על פעולת הרע, שירצה השם יתברך לעשות בעולם. והם בכלל נקראו – סטרא אחרא. פירוש, צד אחר, כי סטרא בלשון תרגום הוא צד. היינו, צד פעולת הרע ח"ו. ואף על גב שהקדוש ברוך הוא רצונו להטיב, מכל מקום, רצה גם בפעולות אלה. אף על גב שלפרטים הוא רעה, אבל בכלל, גם מזה הוא טובה, ותכלית טוב יהיה גם על ידיהם, וכמו שכתוב: כל[1] פעל הוי"ה למענהו.

214. Now, just as G-d, blessed be He, created the worlds of Briyah, Yetzirah and Asiyah as instruments to affect goodness and holiness, so too He created entities which are instrumental in affecting the evil which He deems necessary in the world. [This is in order to bring about the conditions of free choice.] These forces are generally termed Sitra Achera, that is, the "Other Side", the side of evil, G-d forbid. Even though G-d's will is good, He created evil as a temporary existence in order to bring about the ultimate good. The very existence of

---

[1] משלי טז ד

evil therefore is solely to realize this goodness, as stated, "Everything that G-d does is for His sake".

רטו] והשלוחים הנ"ל, מהם להסית לחטוא, ומהם בא היצר הרע והגורמים עוד להחטיא ולטמא, כמו שאמרו בגמרא: אדם[2] מטמא עצמו מלמטה, מטמאין אותו מלמעלה, ולעשות שיהיה החטאים מתוק וערב להאדם, למען ימשכו האדם לחטא, וכמו שכתוב: מים[3] גנובים ימתקו, וקורא זאת בזוהר - עינוגא דטינופין. ולכל זה נבראו, והם עושים שליחותם למה שנוצרו. ולפי שזה הוא טוב להצדיקים, לפי שעל ידי זה יגדל שכרם כאשר יכבשו היצר הרע שדומה להם כהר, ולפום[4] צערא אגרא. וכמבואר בזוהר תרומה קס"ג באריכות, במשל על בן המלך, שקרא המלך לזונה, ושלח לה שתפתה את בנו. ובאם ישמע לה, אז יותן לה כל הטוב שהיה ראוי לו להשיג. ובאם לא ישמע לה, אז ישיג הבן שכר גדול מאד, וגם היא תשיג שכר, שעל ידה השיג השכר הטוב מה שרבתה לפתותו ומכל מקום לא שמע לה, עיין שם בזוהר באריכות. וכוונת האב היה לטובת הבן, עיין שם. והיא בפיתויה עושה שליחות המלך, עיין שם. וכן[5] אמרו בגמרא.

215. The agents of Sitra Achara have three functions. The first is to seduce man to sin through which he becomes impure, as stated in Gemara (Yoma), "When man acts impurely below, He is made impure from above." These forces from which the Yetzer Hara - Evil inclination stems, draw man toward sin by causing it to appear sweet and pleasant, as stated, "Sweet is stolen water". The Zohar refers to this as "The pleasure with impurities". None the less the purpose in their

---

[2] גמרא יומא ל"ט ע"א
[3] משלי ט יז
[4] משנה פרקי אבות ה כג
[5] גמרא סנהדרין סד ע"א

creation is to merit the righteous. Through conquering the evil inclination, which seems? insurmountable, the righteous are rewarded in direct proportion to their effort, as stated, "According to the difficulty is the reward". All this is explained at length in the Zohar through the allegory of the king who sent a harlot to seduce his son. He stipulated to her that if she succeeds all the goodness that would have rightly been given to his son would be hers instead. But, if he shunned her advances the prince would receive great reward and she too would be rewarded since through her great efforts he merited this goodness. Throughout, the fathers' intent was for the good of his son, and even the Harlot, though she appeared in the guise of a temptress, was the king's agent and secretly desired the prince's success.

[רטז] וכן מהם שלוחים לקטרג ולתבוע דין ח"ו, וכמו שכתוב בזוהר[6] ברעיא מהימנא: והאלהי"ם[7] עשה שייראו מלפניו, שעשה וברא להמקטרג שיתבע דינא, ושיהיה עונש ח"ו, למען ייראו הכל מלפני הוי"ה, עיין שם.

216. The second function of the Sitra Achara is to accuse and summons a soul to judgment, G-d forbid, as stated in the Zohar, "G-d made it, that they fear Him - that He created an accuser who demands judgment, and that the concept of punishment exists, so that there will be a fear of G-d in the world.

[ריז] וכן מהם שלוחים להעניש להחוטאים בעולם הזה, או

---

[6] זוהר רעיא מהימנא, אמור צח ע"ב
[7] קהלת ג יד

בגיהנם. וכל מה שבסוג הזה, הכל לפי שרצה השם יתברך להנהיג עולמו במשפט, כי כל דרכיו משפט. וכל הנ"ל נקראו סטרא אחרא - נקראו קליפות, שהקדושה נקרא פרי, והם כמו קליפה על הפרי.

217. The third function is to mete out punishment upon the sinners, either in this world or in Gehenom. All this is to fulfill G-d's desire to conduct the world through justice as stated, "for all His ways are just". All the above fall into the category of Sitra Achara and are called Kelipot - Husks. Holiness - Kedusha is called Pri - Fruit and they are as husks surrounding the fruit.

ריח] ובכלל, הוזכרו הקליפות ביחזקאל, והם מה שכתוב: וארא[8] והנה רוח סערה באה מן הצפון, ענן גדול ואש מתלקחת ונוגה לו סביב, והם ארבעה. וכן הוזכרו אצל אליהו במערה: רוח[9], רעש, אש, ובכולם לא היה השם, ואחר כך קול דממה דקה. ורעש הוא במקום ענן, כן כתב הגר"א ז"ל.

218. There are four general Kelipot which are alluded to in Ezekiels vision, as written, "And I saw and behold a storm wind coming from the north, a great cloud, and a roaring fire encompassed by a glow". They are also alluded to in Eliyahu's vision, Ruach - Wind, Ra'ash - Earthquake, Esh - Fire, within which G-d was not revealed plus a Kol Dmama Daka - a still small voice.

ריט] וכתבו, ששלשה המה רע, אבל קליפות נוגה הנ"ל, היא לפעמים רע ולפעמים מתהפכת לטוב. ונגד השלשה הנ"ל, המה:

---

[8] יחזקאל א ד

[9] מלכים-א יט יא-יב

ערלה, ופריעה, וטיפת דם שבמילה. וכנגדם: תוהו[10], ובוהו, וחושך ורוח אלהי"ם כו', הגר"א ז"ל, פירוש היכלות, פקודי בתחילתו ד"ה ובדרגין כו'.

219. Of these four, three are completely evil. The fourth, which is Kelipat Nogah - the glowing husk, may be transformed to goodness. The Brit Milah - Circumcision consists of three steps corresponding to the three impure Kelipot. They are the removal of the foreskin - Arlah, the pulling back of the remaining skin - Priah, and the letting of a drop of blood - Tipat Dam. In addition, the verse in Genesis refering to Tohu - formless, Vohu - emptiness, Choshech - darkness, and Ruach Elokim - the spirit of G-d, corresponds to these four Kelipot.

[**רכ**] והנה בפרטות, את[11] זה לעומת זה עשה אלהי"ם, וכנגד הנבראים דקדושה - בריאה, יצירה, עשייה הנ"ל, כן נבראו בסטרא אחרא שלשה, שהם נקראו - בריאה, יצירה, עשייה דקליפות.

220. G-d created everything with its counterpart. Therefore, just as He created the three holy levels of Briyah, Yetzirah and Asiyah, so too He created the Briyah, Yetzirah and Asiyah of Kelipah as their counterparts.

[**רכא**] והנה, בנבראים דקדושה לא נמצא יותר מאלו השלשה, אבל יש להם מעלה שיש עליהם השראת השם יתברך, ונבואתו, והשפעתו עליהם מהנהגת השם יתברך, אשר קראנו בשם עולם אצילות. ולהסטרא אחרא, אין זאת כלל. ולכן, באשר את זה

---

[10] בראשית א ב
[11] קהלת ז יד

לעומת זה עשה אלהי"ם, ברא הוי"ה יתברך בהקליפות ארבעה עולמות נבראים. היינו, עולם אחד שנקרא גם כן אצילות דקליפה, ותחתיו שלושה עולמות: בריאה, יצירה, עשייה דקליפה. וזה למען יהיה לקליפות גם כן בערך חלקיו כמו הקדושה, אבל בהפרש גדול מאד. שכשנזכור בקדושה אצילות, הכונה כו', על הנהגת השם יתברך. ולהבדיל, כשאנו מזכירים אצילות דקליפות, הוא דבר נברא שברא השם יתברך כאשר ברא את יתר העולמות, ולהבדיל באלף אלפי הבדלות מן הקדושה)ועיין זאת בביאור באורך בספר קל"ח פתחי חכמה סימן למ"ד(.

221. In respect to the "created" realms of holiness only three levels exist. However, they have the benefit of G-ds influence and revelation which rests upon them from His Divine conducts, i.e. Atzilut. The Sitra Achara on the other hand does not receive such influence from above. 221b. Rather, an additional world of Sitra Achara called Atzilut of Kelipah was created as a counterpart to Atzilut of Kedusha, so that Sitra Achara & Kedusha would have the same number of corresponding parts. However, unlike Atzilut of Kedusha, which represents G-d's Divine conducts, Atzilut of Kelipah is merely a created world and as such they are not comparable.

]רכב[ולכן, סדר עמידתם של הקליפות הם כנגד הקדושה. אבל אצילות דקליפה, שהוא נברא, לא יוכל להיות למעלה מן הנבראים. ולכן, לא יוכל לעלות יותר מהיכל קדש קדשים דבריאה, ועומדים כנגד היכל קדש קדשים דבריאה. כי למעלה מזה, לא יוכלו לעלות הנבראים)עיין בדברי הקל"ח פתחי חכמה סימן למ"ד, עיין שם(.

222. Though the order of the levels of Kelipah

correspond to those of Kedusha, Atzilut of Kelipah being itself created does not stand above the created realms of Kedush. Rather it is opposite the Holy of Holies of the world of Briyah, since no created thing can rise higher than that level.

[רכג] והנה, את זה לעומת זה עשה האלהי"ם. וכמו שיש בעולם הבריאה דקדושה שבעה היכלות, שנתבארו בזוהר, כמו שכתבנו למעלה, כן יש בסטרא אחרא היכלות הטומאה, ר"ל שבעה, שבעה מול שבעה. ונתבארו בארוכה בזוהר פקודי מן דף רס"ג והלאה. ונקראו בשמות אלו ממטה למעלה: בור, שחת, דומה, חובה, שאול, צלמות, ארץ תחתית. והם כנגד שבעה שמות של היצר הרע, כמו שאמרו בגמרא והם כסדר הזה: רע[12], טמא, שונא, אבן מכשול, ערל, שטן, צפוני. ומבוארים בארוכה בזוהר שם, על מה ממונה כל אחד. והממונים שם, רובם הם היפך מן הממונים של היכלות הקדושה הנ"ל. וגם הסטרא אחרא הנ"ל נחלקו לעשר ספירות כנ"ל, כמו הקדושה. ונקראו גם כן עשר ספירות דקליפה, כי ספירות, פירושו מספר כנ"ל, ונקראו היכלות התמורות.

223. Furthermore, the seven palaces of Briyah of Kedusha have their counterparts in Sitra Achara. They are called "the seven impure palaces". Their names in rising order are: Bor - the pit Shachat - death Duma - silence Chova - debt Sheol - the grave Tzalmavet - the shadow of death Eretz Tachteet - the netherworld 223b. These in turn correspond to the seven names of the Yetzer Hara as follows: Rah - The evil one Tameh - The impure one Soneh - The enemy Even Michshol - The stumbling block Arel - The uncircumcised one Satan - Satan Tzafoni - The

---

[12] בסוכה נב ע"א

northerner The Zohar explains at length the specific purpose of each of these. Generally, the agents of Kelipah have the opposite function to those of Kedusha. In addition, Sitra Achara also consists of ten sefirot which are called "the ten sefirot of Kelipah" or "the substitute palaces".

[**רכד**] והנה, לפי שרצה השם יתברך להנהיג גם בדין, לכן הוצרך לסטרא אחרא. ולכן, רצה לברוא אותם. אבל לולא הנהגת הדין, לא הוצרך להם, ולא היה בוראם. לכן נאמר בספרים, שהסטרא אחרא נשתלשל מהדין. והיינו, שלפי שרצה בדין, לכן ברא אותם, וכנ"ל.

224. Because G-d desired to conduct the world with judgment as well as kindness, He created the Sitra Achara. As such, the Sitra Achara is considered to have come out of the attribute of judgment since that is its sole purpose, without which it would not have been created.

[**רכה**] ולעיל כתבנו, שמתחלה יצאה הנהגה בבחינת שם ב"ן, והיינו דין הגמור, ואחר כך יצא שיתוף מ"ה המתקן. ולכן נאמר, שרק לפי מה שיצא מבחינת הדין נברא הסטרא אחרא. אבל לפי התיקון של שם מ"ה, אדרבא, יתוקן מעט מעט, ונתמעט צורך הסטרא אחרא, עד שיתוקן לגמרי ולא יצטרך להם כלל. ומקצת מהם גם כן יתוקן, שייהפך לקדושה, ומקצת מהם יאבדו לגמרי.

225. As stated above, initially G-d manifested the attribute of total judgment, represented by the name of 52 - Ban. He then joined to it the attribute of mercy represented by the name of 45 - Mah, in order to bring about its rectification. Since Sitra Achara comes about solely from the judgment of

Ban - 52, the gradual rectification brought about through Mah - 45 diminishes its function so that ultimately with the final rectification, Sitra Achara will cease to exist. Part will be transformed into holiness and the remainder will be obliterated.

[רכו] והנה, הנהגת הסטרא אחרא נצרך רק עתה בששת אלפים. אבל לעתיד, וכל שכן בהנהגה שנקרא אדם קדמון - שהיא הנהגת הנצחיות, שהארכנו למעלה - אז אין צריך עוד ליצר הרע ולמסיתים, לפי שאז לא יהיה עוד רק זמן הגמול. לכן כתבו, שבהנהגת א"ק ועולם עקודים, לא יהיה עוד שורש לסטרא אחרא, רק בהנהגת הששה ספירות, שהם: חג"ת נה"י. ולעתיד נאמר: ואת[13] רוח הטומאה אעביר מן הארץ, וכתיב: ונתתי[14] לכם לב בשר ורוח חדשה אתן בקרבכם ועשיתי את אשר בחוקי תלכו כו', וכתיב: והיה[15] הוי"ה למלך על כל הארץ ביום ההוא יהיה הוי"ה אחד ושמו אחד". וכן אמרו בגמרא: לעתיד[16] לבא מביא הקדוש ברוך הוא להיצר הרע ושוחטו, פירוש – מבטלו, כו'. ויעיין בזוהר תולדות, במדרש הנעלם קל"ז. וכן אמרו בגמרא: כלום[17] נתת לנו יצר הרע רק כדי שנקבל עליו שכר. ואם כן, ממילא, לעתיד לא יוצרך ליצר הרע. וכן כתיב: והסירותי[18] את לב האבן מבשרכם, כו'. ולכן, בהנהגת עולם עקודים, שהוא אלף השביעי, וכל שכן בהנהגות היותר עליונות, אין שום שורש לסטרא אחרא, וכנ"ל. וכן כל מדרגה שהיא מתוקנת מן הדין, אין צריך לשורש הסטרא אחרא. אך יישאר שורש הסטרא אחרא למדרגה שתהיה פחותה ממנה)ועיין קל"ח פתחי חכמה סימן מ"ז(. ולעתיד לבוא הוא אומר: בלע[19] המות לנצח, כו', ויתוקן

[13] זכריה יג ב
[14] יחזקאל לו כו
[15] זכריה יד ט
[16] גמרא סוכה נב ע"א
[17] גמרא בסנהדרין סד ע"א
[18] יחזקאל לו כו
[19] ישעיהו כה ח

עולם במלכות שדי, ויהיה תיקון השלם, ביום[20] ההוא יהיה הוי"ה אחד ושמו אחד. יהי רצון שנזכה לזה במהרה בימינו בחסד וברחמים, אמן.

226. The existence of the Yetzer Hara and the Sitra Achara is only necessary during the six millennia of this world which follow the conduct of the six sefirot - Chessed, Gevurah, Tiferet, Netzach, Hod & Yesod as stated in Talmud, "You have given us the Yetzer Hara for the sole purpose of earning merit." However, beginning with the seventh millennium which is the world to come and is a time of reward, (and certainly after the tenth millennium, which is the eternal conduct of Adam Kadmon) its purpose will be abrogated & the Talmud states, "In the future the Holy One Blessed Be He shall slaughter (abrogate) the Yetzer Hara".

ברוך הוי"ה יתברך שמו, אשר עזרנו לסדר הכללים האלה, לתועלת המתחילים בחכמה. ורוב הדברים למדנום מדברי הגר"א ז"ל, והרב משה חיים לצאטו ז"ל, כאשר רשמנו על רובם את מקורם, זולת הדברים שמובן ממילא, או שנמצאו בשאר ספרים. ולמיעוט ידיעתי, לא ירדנו לעומק הדברים, ורק הצענו הדברים כראוי למתחיל, שראוי לו להיכנס מעט מעט בחכמה, עד אשר ימצא בספרים את הדברים יותר על בורים.

ואחרי הקונטרס הזה, תלך לספר חוקר ומקובל, ותלמדנו בלא הפסקים, למען להבין יותר עקרי הדברים על מכונן. או שתלמוד ספר מלחמות משה, שהן המה הדברים שבחוקר ומקובל הנ"ל, עם הוספות. ואחריו תלך לספר קל"ח פתחי חכמה (ותדלג את סימן ה', שהוא קשה הבנה, ותלמדנו אחר סימן ט', או שתדלגנו

---

[20] זכריה יד ט

לגמרי). וחלק גדול תוכל ללמוד בו על פי דברי הקונטרס הזה, עם ספר חוקר ומקובל הנ"ל.

אך אחר כך, יחסר לך ידיעת סגנון המשל. וכבר זכרנו בסימן קפ"א פרק ח' סעיף כ"ו, כי בזה הלימוד המשל בפני עצמו, והנמשל בפני עצמו. ולכן, להבין המשל לבד, תלמוד במהדורא תנינא של העץ חיים, כמו שכתבנו למעלה בסימן הנ"ל. ואחר שתגמור כל המהדורא תנינא, תוכל ללמוד ביתר הספר. וגם מסודר כלל כל הסגנון של המשל של העץ חיים, בספר עטרת יוסף רזין דרזין, או בספר מגיד משנה.

ובלמדך בספרים הנ"ל ותבינם, תדע את כל כללי סגנון המשל. אבל הזהר מאד בלמדך את הספרים הנ"ל, וזכור ואל תשכח, כי אך סגנון משל לבד אתה לומד, וכמו שכתב בנפש החיים שער ג' פרק ז'.

ומודעת שכל דברי האר"י ז"ל בנסתרות משל הם. וכללי סגנון המשל בקצרה, מסודר גם כן בספר פתחי חכמה ודעת, בנין המרכבה וצורת המרכבה, עיין שם. וכן סידר עשרה פרקים בספרו חוקר ומקובל לסגנון המשל, שקורא אותו מראה, אך הם קשים להבין. ורק טובים הם לחזור עליהם, מי שכבר יודע אותם, למען יהיו שגורים על לשונו. עיין בסוף ספר מלחמות משה, בכללי חכמת האמת שם, שבכללים הראשונים הוא סגנון המשל לבד. שם יש מעט מעניני הפנימיות והנמשל. וכן בקל"ח פתחי חכמה, נמצא בהרבה מקומות ביאור מפנימיות העניינים. אך לא כולו, כי יש מקומות שגם הוא מדבר על סגנון המשל לבד, וצריך הקורא להבחין זאת.

ועיין בספר החדש פתחי שערים, מבואר הרבה מפנימיות הדברים על ספר העץ חיים כסדר. עיין עוד בליקוטי הגר"א ז"ל שנדפס סוף ספר ספרא דצניעותא. והוי"ה[21] יתן חכמה מפיו דעת

[21] משלי ב ו

ותבונה. והלומדים בחכמה זו, צריכים להזהר שילכו בה דרך ישר, וכמו שכתוב: כי [22] ישרים דרכי הוי"ה צדיקים ילכו בם. והוי"ה יחנן דעת ותבונה, ויקויים בנו בקשת דוד המלך עליו השלום: הורני[23] הוי"ה דרכיך ונחני באורח מישור, והורני[24] הוי"ה דרכך אהלך באמתך יחד לבבי ליראה שמך.

סליק קונטרס כללי תחילת החכמת הקבלה.
התודה והשבח לבורא יתברך שמו, אמן.

This is further supported by the scriptural verses, "I will withdraw the impure spirit from the earth" and, "I shall remove the heart of stone from your flesh". In addition, concerning the world to come scripture states, "And I shall give you a heart of flesh and I shall instill a new spirit in your midst and cause you to walk in my statutes", and, "Hashem shall be King upon the entire earth, on that day, Hashem shall be one and His name one." Even in this world the Sitra Achara may be abrogated on a specific spiritual level by the complete rectification of that level. It then only exists on a lesser level. But concerning the world to come it is stated, "Death shall be swallowed forever", and the world will be perfected in G-d's Kingdom. This will constitute complete rectification in which "G-d will be one and His name one".

May it be G-d's will that we merit this speedily in our days through Kindness and Mercy - Amen.

---

[22] הושע יד י
[23] תהלים כז יא
[24] תהלים פו יא

www.ingramcontent.com/pod-product-compliance
Lightning Source LLC
Chambersburg PA
CBHW070140080526
44586CB00015B/1781
* 9 7 8 1 6 1 7 0 4 6 3 7 7 *